TRANZLATY

La Langue est pour tout le Monde

ভাষা সবার জন্য

Le Manifeste communiste

কমিউনিস্ট ইশতেহার

Karl Marx
&
Friedrich Engels

Français / বাংলা

Published by Tranzlaty
ISBN: 978-1-80572-357-8
Original text by Karl Marx and Friedrich Engels
The Communist Manifesto
First published in 1848
www.tranzlaty.com

Introduction
ভূমিকা

Un spectre hante l'Europe : le spectre du communisme
ইউরোপকে তাড়া করে বেড়াচ্ছে ভূত – কমিউনিজমের ভূত

Toutes les puissances de la vieille Europe ont conclu une sainte alliance pour exorciser ce spectre
পুরাতন য়ুরোপের সমস্ত শক্তি এই ভূত তাড়ানোর জন্য একটি পবিত্র মৈত্রীবন্ধনে আবদ্ধ হয়েছে

Le pape et le tsar, Metternich et Guizot, les radicaux français et les espions de la police allemande
পোপ এবং জার, মেটারনিচ এবং গুইজোট, ফরাসি র্যাডিকাল এবং জার্মান পুলিশ-গুপ্তচর

Où est le parti dans l'opposition qui n'a pas été décrié comme communiste par ses adversaires au pouvoir ?
কোথায় সেই বিরোধী দল, যাকে ক্ষমতাসীন বিরোধীরা কমিউনিস্ট বলে আখ্যায়িত করেনি?

Où est l'opposition qui n'a pas rejeté le reproche de marque du communisme contre les partis d'opposition les plus avancés ?
কোথায় সেই বিরোধীরা যারা কমিউনিজমের ব্র্যান্ডিং তিরস্কারকে আরও অগ্রসর বিরোধী দলগুলির বিরুদ্ধে ফিরিয়ে দেয়নি?

Et où est le parti qui n'a pas porté l'accusation contre ses adversaires réactionnaires ?
আর কোথায় সেই দল যারা তার প্রতিক্রিয়াশীল প্রতিপক্ষের বিরুদ্ধে অভিযোগ তোলেনি?

Deux choses résultent de ce fait
এই সত্য থেকে দুটি জিনিস ফলাফল

I. Le communisme est déjà reconnu par toutes les puissances européennes comme étant lui-même une puissance
১. কমিউনিজমকে ইতিমধ্যেই সমস্ত ইউরোপীয় শক্তি নিজেই একটি শক্তি বলে স্বীকার করেছে

II. Il est grand temps que les communistes publient ouvertement, à la face du monde entier, leurs vues, leurs buts et leurs tendances

২. এখন উপযুক্ত সময় কমিউনিস্টদের খোলাখুলিভাবে, সমগ্র বিশ্বের মোকাবেলায়, তাদের মতামত, লক্ষ্য ও প্রবণতা প্রকাশ করা

ils doivent répondre à ce conte enfantin du spectre du communisme par un manifeste du parti lui-même

কমিউনিজমের স্পেক্টরের এই নার্সারি কাহিনীর সাথে তাদের অবশ্যই পার্টির ইশতেহারের সাথে মিলিত হতে হবে

À cette fin, des communistes de diverses nationalités se sont réunis à Londres et ont esquissé le manifeste suivant

এই লক্ষ্যে বিভিন্ন জাতির কমিউনিস্টরা লন্ডনে সমবেত হয়েছেন এবং নিম্নলিখিত ইশতেহার রচনা করেছেন

ce manifeste sera publié en anglais, français, allemand, italien, flamand et danois

এই ইশতেহারটি ইংরেজি, ফরাসি, জার্মান, ইতালিয়ান, ফ্লেমিশ এবং ডেনিশ ভাষায় প্রকাশিত হবে

Et maintenant, il doit être publié dans toutes les langues proposées par Tranzlaty

এবং এখন এটি ট্র্যানজল্যাটি অফার করে এমন সমস্ত ভাষায় প্রকাশিত হবে

Les bourgeois et les prolétaires
বুর্জোয়া ও সর্বহারা

L'histoire de toutes les sociétés qui ont existé jusqu'à
présent est l'histoire des luttes de classes

এ যাবৎ বিদ্যমান সকল সমাজের ইতিহাসই শ্রেণী সংগ্রামের ইতিহাস

Homme libre et esclave, patricien et plébéien, seigneur et
serf, maître de guilde et compagnon

ফ্রিম্যান এবং ক্রীতদাস, প্যাট্রিশিয়ান এবং প্লেবিয়ান, লর্ড এবং সার্ফ,
গিল্ড-মাস্টার এবং ভ্রমণকারী

en un mot, oppresseur et opprimé

এক কথায় অত্যাচারী ও নিপীড়িত

Ces classes sociales étaient en opposition constante les unes
avec les autres

এই সামাজিক শ্রেণীগুলি ক্রমাগত একে অপরের বিরুদ্ধে
দাঁড়িয়েছিল

Ils se sont battus sans interruption. Maintenant caché,
maintenant ouvert

তারা নিরবচ্ছিন্ন লড়াই চালিয়ে যায়। এখন লুকানো, এখন খোলা

un combat qui s'est terminé par une reconstitution
révolutionnaire de la société dans son ensemble

এমন একটি লড়াই যা বৃহত্তর সমাজের বিপ্লবী পুনর্গঠনে শেষ
হয়েছিল

ou un combat qui s'est terminé par la ruine commune des
classes en lutte

অথবা এমন একটি লড়াই যা প্রতিদ্বন্দ্বী শ্রেণির সাধারণ ধ্বংসের মধ্যে
শেষ হয়েছিল

Jetons un coup d'œil aux époques antérieures de l'histoire

আসুন আমরা ইতিহাসের পূর্ববর্তী যুগের দিকে ফিরে তাকাই

Nous trouvons presque partout un arrangement compliqué
de la société en divers ordres

আমরা প্রায় সর্বত্রই সমাজের নানা ব্যবস্থার জটিল বিন্যাস দেখতে
পাই

Il y a toujours eu une gradation multiple du rang social

বরাবরই সামাজিক পদমর্যাদার বহুমাত্রিক স্তর ছিল

Dans la Rome antique, nous avons des patriciens, des
chevaliers, des plébéiens, des esclaves

প্রাচীন রোমে আমাদের প্যাট্রিশিয়ান, নাইট, প্লেবিয়ান, ক্রীতদাস রয়েছে

au Moyen Âge : seigneurs féodaux, vassaux, maîtres de corporation, compagnons, apprentis, serfs

মধ্যযুগে: সামন্ত প্রভু, ভাসাল, গিল্ড-মাস্টার, ভ্রমণকারী, শিক্ষানবিশ, ভূমিদাস

Dans presque toutes ces classes, encore une fois, les gradations subordonnées

এই ক্লাসের প্রায় সবগুলোতেই আবার অধস্তন গ্রেডেশন

La société bourgeoise moderne est née des ruines de la société féodale

আধুনিক বুর্জোয়া সমাজ সামন্ততান্ত্রিক সমাজের ধ্বংসস্তূপ থেকে অঙ্কুরিত হয়েছে

Mais ce nouvel ordre social n'a pas fait disparaître les antagonismes de classe

কিন্তু এই নতুন সমাজব্যবস্থা শ্রেণী বিরোধিতা দূর করতে পারেনি

Elle n'a fait qu'établir de nouvelles classes et de nouvelles conditions d'oppression

এটি কেবল নতুন শ্রেণী এবং নিপীড়নের নতুন শর্ত প্রতিষ্ঠা করেছে

Il a mis en place de nouvelles formes de lutte à la place des anciennes

পুরাতনের পরিবর্তে সংগ্রামের নতুন রূপ প্রতিষ্ঠা করেছে

Cependant, l'époque dans laquelle nous nous trouvons possède un trait distinctif

যাইহোক, আমরা নিজেদেরকে যে যুগে খুঁজে পাই তার একটি স্বতন্ত্র বৈশিষ্ট্য রয়েছে

l'époque de la bourgeoisie a simplifié les antagonismes de classe

বুর্জোয়াদের যুগ শ্রেণী বিরোধকে সরলীকরণ করেছে

La société dans son ensemble se divise de plus en plus en deux grands camps hostiles

সামগ্রিকভাবে সমাজ ক্রমশ দুটি বড় বৈরী শিবিরে বিভক্ত হয়ে পড়ছে

deux grandes classes sociales qui se font directement face : la bourgeoisie et le prolétariat

দুটি মহান সামাজিক শ্রেণী সরাসরি একে অপরের মুখোমুখি: বুর্জোয়া ও সর্বহারা শ্রেণী

Des serfs du Moyen Âge sont sortis les bourgeois agréés des premières villes

মধ্যযুগের ভূমিদাস থেকে প্রাচীনতম শহরগুলির চার্টার্ড বার্গার উদ্ভূত হয়েছিল

C'est à partir de ces bourgeois que se sont développés les premiers éléments de la bourgeoisie

এই বার্জেস থেকে বুর্জোয়াদের প্রথম উপাদানগুলি বিকশিত হয়েছিল

La découverte de l'Amérique et le contournement du Cap

আমেরিকা আবিষ্কার এবং কেপের বৃত্তাকার

ces événements ont ouvert un nouveau terrain à la bourgeoisie montante

এই ঘটনাগুলি উদীয়মান বুর্জোয়াদের জন্য নতুন ক্ষেত্র উন্মুক্ত করেছিল

Les marchés des Indes orientales et de la Chine, la colonisation de l'Amérique, le commerce avec les colonies

পূর্ব-ভারতীয় ও চীনা বাজার, আমেরিকার উপনিবেশ, উপনিবেশগুলির সাথে বাণিজ্য

l'augmentation des moyens d'échange et des marchandises en général

বিনিময়ের মাধ্যম এবং সাধারণভাবে পণ্যগুলির বৃদ্ধি

Ces événements donnèrent au commerce, à la navigation et à l'industrie une impulsion jamais connue jusque-là

এই ঘটনাগুলি বাণিজ্য, নেভিগেশন এবং শিল্পকে এমন একটি প্রেরণা দিয়েছিল যা আগে কখনও জানা যায়নি

Elle a donné un développement rapide à l'élément révolutionnaire dans la société féodale chancelante

এটি টলমল সামন্ততান্ত্রিক সমাজে বিপ্লবী উপাদানকে দ্রুত বিকাশ দিয়েছে

Les guildes fermées avaient monopolisé le système féodal de la production industrielle

বদ্ধ গিল্ডগুলি শিল্প উৎপাদনের সামন্ততান্ত্রিক ব্যবস্থায় একচেটিয়া আধিপত্য বিস্তার করেছিল

Mais cela ne suffisait plus aux besoins croissants des nouveaux marchés

কিন্তু নতুন বাজারের ক্রমবর্ধমান চাহিদার জন্য এটি আর যথেষ্ট নয়

Le système manufacturier a pris la place du système féodal de l'industrie

সামন্ততান্ত্রিক শিল্প ব্যবস্থার জায়গা দখল করে নেয় উৎপাদন ব্যবস্থা
Les maîtres de guilde étaient poussés d'un côté par la classe moyenne manufacturière
গিল্ড-মাস্টারদের একদিকে ঠেলে দিয়েছিল উৎপাদনকারী মধ্যবিত্ত
La division du travail entre les différentes corporations a disparu
বিভিন্ন কর্পোরেট গিল্ডের মধ্যে শ্রম বিভাজন অদৃশ্য হয়ে যায়
La division du travail s'infiltrait dans chaque atelier
প্রতিটি ওয়ার্কশপে শ্রম বিভাজন ঢুকে পড়ে
Pendant ce temps, les marchés ne cessaient de croître et la demande ne cessait d'augmenter
এদিকে, বাজারগুলি ক্রমবর্ধমান হতে থাকে এবং চাহিদা ক্রমবর্ধমান হয়
Même les usines ne suffisaient plus à répondre à la demande
এমনকি চাহিদা পূরণে কারখানাগুলোও পর্যাপ্ত নয়
À partir de là, la vapeur et les machines ont révolutionné la production industrielle
এরপরে, বাষ্প এবং যন্ত্রপাতি শিল্প উত্পাদনে বিপ্লব ঘটিয়েছিল
La place de fabrication a été prise par le géant de l'industrie moderne
উৎপাদনের জায়গাটি দখল করে নেয় দৈত্য মডার্ন ইন্ডাস্ট্রি
La place de la classe moyenne industrielle a été prise par des millionnaires industriels
শিল্প মধ্যবিত্তের জায়গা দখল করে নিয়েছে শিল্প কোটিপতিরা
la place de chefs d'armées industrielles entières ont été prises par la bourgeoisie moderne
সমগ্র শিল্প বাহিনীর নেতাদের স্থান আধুনিক বুর্জোয়ারা দখল করে নিয়েছিল
la découverte de l'Amérique a ouvert la voie à l'industrie moderne pour établir le marché mondial
আমেরিকা আবিষ্কার আধুনিক শিল্পের জন্য বিশ্ববাজার প্রতিষ্ঠার পথ প্রশস্ত করে
Ce marché donna un immense développement au commerce, à la navigation et aux communications par terre
এই বাজারটি স্থলপথে বাণিজ্য, নেভিগেশন এবং যোগাযোগের ব্যাপক বিকাশ দিয়েছে

Cette évolution a, en son temps, réagi à l'extension de l'industrie

এই বিকাশ, তার সময়ে, শিল্পের সম্প্রসারণে প্রতিক্রিয়া জানিয়েছে

elle a réagi proportionnellement à l'expansion de l'industrie et à l'extension du commerce, de la navigation et des chemins de fer

এটি শিল্প কীভাবে প্রসারিত হয়েছিল এবং বাণিজ্য, নেভিগেশন এবং রেলপথগুলি কীভাবে প্রসারিত হয়েছিল তার অনুপাতে প্রতিক্রিয়া জানিয়েছিল

dans la même proportion que la bourgeoisie s'est développée, elle a augmenté son capital

বুর্জোয়ারা যে অনুপাতে বিকশিত হয়েছিল, একই অনুপাতে তারা তাদের মূলধন বাড়িয়েছিল

et la bourgeoisie a relégué à l'arrière-plan toutes les classes héritées du Moyen Âge

এবং বুর্জোয়ারা মধ্যযুগ থেকে হস্তান্তরিত প্রতিটি শ্রেণীকে পটভূমিতে ঠেলে দেয়

c'est pourquoi la bourgeoisie moderne est elle-même le produit d'un long développement

সুতরাং আধুনিক বুর্জোয়া শ্রেণী নিজেই দীর্ঘ বিকাশের ফসল

On voit qu'il s'agit d'une série de révolutions dans les modes de production et d'échange

আমরা দেখতে পাই এটা উৎপাদন পদ্ধতি ও বিনিময়ের ক্ষেত্রে একগুচ্ছ বিপ্লব

Chaque étape du développement de la bourgeoisie s'accompagnait d'une avancée politique correspondante

প্রতিটি উন্নয়নমূলক বুর্জোয়া পদক্ষেপের সাথে একটি অনুরূপ রাজনৈতিক অগ্রগতি ছিল

Une classe opprimée sous l'emprise de la noblesse féodale

সামন্ততান্ত্রিক আভিজাত্যের প্রভাবাধীন একটি নিপীড়িত শ্রেণি

Une association armée et autonome dans la commune médiévale

মধ্যযুগীয় কমিউনে একটি সশস্ত্র ও স্ব-শাসিত সমিতি

ici, une république urbaine indépendante (comme en Italie et en Allemagne)

এখানে, একটি স্বাধীন নগর প্রজাতন্ত্র (ইতালি এবং জার্মানি হিসাবে)

là, un « tiers état » imposable de la monarchie (comme en France)

সেখানে, রাজতন্ত্রের একটি করযোগ্য "তৃতীয় এস্টেট" (ফ্রান্সের মতো)

par la suite, dans la période de fabrication proprement dite

পরবর্তীতে, উৎপাদনের সময়কালে যথাযথ

la bourgeoisie servait soit la monarchie semi-féodale, soit la monarchie absolue

বুর্জোয়ারা হয় আধা-সামন্ততান্ত্রিক বা পরম রাজতন্ত্রের সেবা করেছিল

ou bien la bourgeoisie faisait contrepoids à la noblesse

অথবা বুর্জোয়ারা আভিজাত্যের বিরুদ্ধে পাল্টা ব্যবস্থা হিসেবে কাজ করেছিল

et, en fait, la bourgeoisie était une pierre angulaire des grandes monarchies en général

এবং, প্রকৃতপক্ষে, বুর্জোয়ারা সাধারণভাবে মহান রাজতন্ত্রগুলির একটি ভিত্তি ছিল

mais l'industrie moderne et le marché mondial se sont établis depuis lors

কিন্তু আধুনিক শিল্প এবং বিশ্ব-বাজার তখন থেকেই নিজেকে প্রতিষ্ঠিত করেছিল

et la bourgeoisie s'est emparée de l'emprise politique exclusive

এবং বুর্জোয়ারা নিজেদের জন্য একচেটিয়া রাজনৈতিক আধিপত্য জয় করেছে

elle a obtenu cette influence politique à travers l'État représentatif moderne

এটি আধুনিক প্রতিনিধিত্ব মূলক রাষ্ট্রের মাধ্যমে এই রাজনৈতিক প্রভাব অর্জন করেছিল

Les exécutifs de l'État moderne ne sont qu'un comité de gestion

আধুনিক রাষ্ট্রের নির্বাহীরা একটি ব্যবস্থাপনা কমিটি মাত্র।

et ils gèrent les affaires communes de toute la bourgeoisie

এবং তারা সমগ্র বুর্জোয়াদের সাধারণ বিষয়গুলি পরিচালনা করে

La bourgeoisie, historiquement, a joué un rôle des plus révolutionnaires

ঐতিহাসিকভাবে বুর্জোয়ারা সবচেয়ে বিপ্লবী ভূমিকা পালন করেছে

Partout où elle a pris le dessus, elle a mis fin à toutes les relations féodales, patriarcales et idylliques

যেখানেই এটি আধিপত্য বিস্তার করেছে, সেখানেই সমস্ত সামন্ততান্ত্রিক, পিতৃতান্ত্রিক এবং আরামদায়ক সম্পর্কের অবসান ঘটিয়েছে

Elle a impitoyablement déchiré les liens féodaux hétéroclites qui liaient l'homme à ses « supérieurs naturels »

যে সামন্ততান্ত্রিক বন্ধন মানুষকে তার 'স্বাভাবিক ঊর্ধ্বতনদের' সঙ্গে বেঁধে রেখেছিল, তা করুণভাবে ছিন্নভিন্ন করে দিয়েছে

et il n'y a plus de lien entre l'homme et l'homme, si ce n'est l'intérêt personnel

আর নগ্ন স্বার্থ ছাড়া মানুষে মানুষে আর কোনো যোগসূত্র অবশিষ্ট নেই

Les relations de l'homme entre eux ne sont plus qu'un « paiement en espèces » impitoyable

মানুষের একে অপরের সাথে সম্পর্ক নির্দয় "নগদ অর্থ প্রদান" ছাড়া আর কিছুই নয়

Elle a noyé les extases les plus célestes de la ferveur religieuse

এটি ধর্মীয় উন্মাদনার সবচেয়ে স্বর্গীয় উচ্ছ্বাসকে ডুবিয়ে দিয়েছে

elle a noyé l'enthousiasme chevaleresque et le sentimentalisme philistin

এতে ডুবে গেছে বীরত্বপূর্ণ উদ্দীপনা ও পলেশতাবাদী আবেগপ্রবণতা

Il a noyé ces choses dans l'eau glacée du calcul égoïste

অহংকারী হিসাবের বরফশীতল জলে এই জিনিসগুলিকে ডুবিয়ে দিয়েছে

Il a transformé la valeur personnelle en valeur échangeable

এটি ব্যক্তিগত মূল্যকে বিনিময়যোগ্য মূল্যে সমাধান করেছে

elle a remplacé les innombrables et inaliénables libertés garanties par la Charte

এটি সংখ্যাহীন এবং অনিবার্য চার্টার্ড স্বাধীনতাকে প্রতিস্থাপন করেছে

et il a mis en place une liberté unique et inadmissible ; Libre-échange

এবং এটি একটি একক, বিবেকহীন স্বাধীনতা স্থাপন করেছে; মুক্ত বাণিজ্য

En un mot, il l'a fait pour l'exploitation

এক কথায় শোষণের জন্য এটা করেছে

Une exploitation voilée par des illusions religieuses et politiques

ধর্মীয় ও রাজনৈতিক বিভ্রমে ঢাকা শোষণ

l'exploitation voilée par une exploitation nue, éhontée, directe, brutale

নগ্ন, নির্লজ্জ, প্রত্যক্ষ, পাশবিক শোষণের আড়ালে শোষণ

la bourgeoisie a enlevé l'auréole de toutes les occupations jusque-là honorées et vénérées

বুর্জোয়ারা পূর্বের সমস্ত সম্মানিত ও শ্রদ্ধেয় পেশা থেকে হ্যালো ছিনিয়ে নিয়েছে

le médecin, l'avocat, le prêtre, le poète et l'homme de science

বৈদ্যবিদ, উকিল, পুরোহিত, কবি এবং বিজ্ঞানের মানুষ

Il a converti ces travailleurs distingués en ses travailleurs salariés

এটি এই বিশিষ্ট শ্রমিকদের তার বেতনভোগী মজুরি শ্রমিকে রূপান্তরিত করেছে

La bourgeoisie a déchiré le voile sentimental de la famille

বুর্জোয়ারা পরিবার থেকে আবেগের পর্দা ছিঁড়ে ফেলেছে

et elle a réduit la relation familiale à une simple relation d'argent

এবং এটি পারিবারিক সম্পর্ককে নিছক অর্থের সম্পর্কের মধ্যে হ্রাস করেছে

la brutale démonstration de vigueur au Moyen Âge que les réactionnaires admirent tant

মধ্যযুগে শক্তির নির্মম প্রদর্শন, যার প্রতিক্রিয়াশীলরা এত প্রশংসা করে

Même cela a trouvé son complément approprié dans l'indolence la plus paresseuse

এমনকি এটি সবচেয়ে আলস্য অলসতার মধ্যে তার উপযুক্ত পরিপূরক খুঁজে পেয়েছিল

La bourgeoisie a révélé comment tout cela s'est passé

বুর্জোয়ারা প্রকাশ করেছে কিভাবে এই সব ঘটেছিল

La bourgeoisie a été la première à montrer ce que l'activité de l'homme peut produire

বুর্জোয়ারাই প্রথম দেখিয়েছে মানুষের কার্যকলাপ কী আনতে পারে

Il a accompli des merveilles surpassant de loin les
pyramides égyptiennes, les aqueducs romains et les
cathédrales gothiques

এটি মিশরীয় পিরামিড, রোমান জলজ এবং গথিক ক্যাথেড্রালকে
ছাড়িয়ে অনেক বিস্ময়কর কাজ করেছে

et il a mené des expéditions qui ont mis dans l'ombre tous
les anciens Exodes des nations et les croisades

এবং এটি এমন অভিযান পরিচালনা করেছে যা জাতি এবং
ক্রুসেডের সমস্ত প্রাক্তন যাত্রাকে ছায়ায় ফেলেছে

La bourgeoisie ne peut exister sans révolutionner sans cesse
les instruments de production

উৎপাদনের হাতিয়ারগুলোর ক্রমাগত বিপ্লব ছাড়া বুর্জোয়াদের
অস্তিত্ব থাকতে পারে না

et par conséquent elle ne peut exister sans ses rapports à la
production

এবং এর ফলে উৎপাদনের সাথে তার সম্পর্ক ছাড়া তার অস্তিত্ব
থাকতে পারে না

et donc elle ne peut exister sans ses relations avec la société

এবং তাই সমাজের সাথে তার সম্পর্ক ছাড়া এর অস্তিত্ব থাকতে পারে
না

Toutes les classes industrielles antérieures avaient une
condition en commun

পূর্ববর্তী সমস্ত শিল্প শ্রেণির একটি সাধারণ শর্ত ছিল

Ils s'appuyaient sur la conservation des anciens modes de
production

তারা পুরানো উত্পাদন পদ্ধতির সংরক্ষণের উপর নির্ভর করেছিল

mais la bourgeoisie a apporté avec elle une dynamique tout
à fait nouvelle

কিন্তু বুর্জোয়ারা তার সাথে একটি সম্পূর্ণ নতুন গতিশীলতা নিয়ে
এসেছিল

Révolution constante de la production et perturbation
ininterrompue de toutes les conditions sociales

উৎপাদনের ক্রমাগত বিপ্লব এবং সকল সামাজিক অবস্থার
নিরবচ্ছিন্ন বিপর্যয়

cette incertitude et cette agitation perpétuelles distinguent
l'époque bourgeoise de toutes les époques antérieures

এই চিরন্তন অনিশ্চয়তা ও আন্দোলন বুর্জোয়া যুগকে পূর্ববর্তী সকল যুগ থেকে পৃথক করে

Les relations antérieures avec la production s'accompagnaient de préjugés et d'opinions anciens et vénérables

উৎপাদনের সাথে পূর্ববর্তী সম্পর্কগুলি প্রাচীন এবং শ্রদ্ধেয় কুসংস্কার এবং মতামতের সাথে এসেছিল

Mais toutes ces relations figées et figées sont balayées d'un revers de main

কিন্তু এই সমস্ত স্থির, দ্রুত-হিমশীতল সম্পর্ক ভেসে গেছে

Toutes les relations nouvellement formées deviennent archaïques avant de pouvoir s'ossifier

সমস্ত নতুন গঠিত সম্পর্ক অস্থির হওয়ার আগেই প্রাচীন হয়ে যায়

Tout ce qui est solide se fond dans l'air, et tout ce qui est saint est profané

যাহা কিছু কঠিন তাহা বাতাসে গলিয়া যায় এবং যাহা কিছু পবিত্র তাহা অপবিত্র হয়

L'homme est enfin forcé de faire face, avec des sens sobres, à ses conditions réelles de vie

মানুষ অবশেষে শান্ত ইন্দ্রিয়ের মুখোমুখি হতে বাধ্য হয়, তার জীবনের আসল অবস্থা

et il est obligé de faire face à ses relations avec les siens

এবং তিনি তার ধরনের সঙ্গে তার সম্পর্ক সম্মুখীন করতে বাধ্য হয়

La bourgeoisie a constamment besoin d'élargir ses marchés pour ses produits

বুর্জোয়াদের ক্রমাগত তার পণ্যগুলির জন্য তার বাজার প্রসারিত করতে হবে

et, à cause de cela, la bourgeoisie est poursuivie sur toute la surface du globe

এবং, এই কারণে, বুর্জোয়ারা পৃথিবীর সমস্ত পৃষ্ঠ জুড়ে তাড়া করা হয়

La bourgeoisie doit se nicher partout, s'installer partout, établir des liens partout

বুর্জোয়াদের সর্বত্র বাসা বাঁধতে হবে, সর্বত্র বসতি স্থাপন করতে হবে, সর্বত্র সংযোগ স্থাপন করতে হবে

La bourgeoisie doit créer des marchés dans tous les coins du monde pour exploiter

বুর্জোয়াদের শোষণের জন্য বিশ্বের প্রতিটি কোণে বাজার তৈরি করতে হবে

La production et la consommation dans tous les pays ont reçu un caractère cosmopolite

প্রতিটি দেশে উৎপাদন ও ভোগকে একটি বিশ্বজনীন চরিত্র দেওয়া হয়েছে

le chagrin des réactionnaires est palpable, mais il s'est poursuivi malgré tout

প্রতিক্রিয়াশীলদের বিরক্তি স্পষ্ট, কিন্তু তা অব্যাহত রয়েছে

La bourgeoisie a tiré de dessous les pieds de l'industrie le terrain national sur lequel elle se trouvait

বুর্জোয়ারা শিল্পের পায়ের নিচ থেকে টেনে এনেছে জাতীয় ভূমি যার ওপর তারা দাঁড়িয়েছিল

Toutes les anciennes industries nationales ont été détruites, ou sont détruites chaque jour

সমস্ত পুরানো প্রতিষ্ঠিত জাতীয় শিল্প ধ্বংস হয়ে গেছে, বা প্রতিদিন ধ্বংস হচ্ছে

Toutes les anciennes industries nationales sont délogées par de nouvelles industries

সমস্ত পুরানো প্রতিষ্ঠিত জাতীয় শিল্প নতুন শিল্প দ্বারা স্থানচ্যুত হয়

Leur introduction devient une question de vie ou de mort pour toutes les nations civilisées

তাদের পরিচয় সমস্ত সভ্য জাতির জন্য জীবন-মরণ প্রশ্ন হয়ে দাঁড়ায়

Ils sont délogés par les industries qui ne travaillent plus la matière première indigène

তারা এমন শিল্প দ্বারা স্থানচ্যুত হয় যা আর দেশীয় কাঁচামাল তৈরি করে না

Au lieu de cela, ces industries extraient des matières premières des zones les plus reculées

পরিবর্তে, এই শিল্পগুলি প্রত্যন্ত অঞ্চল থেকে কাঁচামাল টেনে আনে

dont les produits sont consommés, non seulement chez nous, mais dans tous les coins du monde

যেসব শিল্পের পণ্য শুধু দেশেই নয়, বিশ্বের প্রতিটি প্রান্তিকে ভোগ করা হয়

À la place des anciens besoins, satisfaits par les productions du pays, nous trouvons de nouveaux besoins

পুরনো চাওয়া-পাওয়ার পরিবর্তে দেশের উৎপাদনে তৃপ্ত হয়ে আমরা খুঁজে পাই নতুন চাওয়া-পাওয়া

Ces nouveaux besoins exigent pour leur satisfaction les produits des pays et des climats lointains

এই নতুন চাহিদাগুলি তাদের সন্তুষ্টির জন্য দূরবর্তী দেশ এবং জলবায়ুর পণ্য প্রয়োজন

À la place de l'ancien isolement et de l'autosuffisance locaux et nationaux, nous avons le commerce

পুরনো স্থানীয় ও জাতীয় বিচ্ছিন্নতা ও স্বয়ংসম্পূর্ণতার পরিবর্তে আমাদের বাণিজ্য রয়েছে

les échanges internationaux dans toutes les directions ; l'interdépendance universelle des nations

সব দিক থেকে আন্তর্জাতিক বিনিময়; জাতিসমূহের সার্বজনীন আন্তঃনির্ভরশীলতা

Et de même que nous sommes dépendants des matériaux, nous sommes dépendants de la production intellectuelle

আর আমরা যেমন উপকরণের ওপর নির্ভরশীল, তেমনি বুদ্ধিবৃত্তিক উৎপাদনের ওপর নির্ভরশীল

Les créations intellectuelles des nations individuelles deviennent la propriété commune

পৃথক জাতির বুদ্ধিবৃত্তিক সৃষ্টি সাধারণ সম্পত্তিতে পরিণত হয়

L'unilatéralité nationale et l'étroitesse d'esprit deviennent de plus en plus impossibles

জাতীয় একপেশেতা ও সংকীর্ণতা ক্রমশ অসম্ভব হয়ে উঠছে

et des nombreuses littératures nationales et locales, surgit une littérature mondiale

আর অসংখ্য জাতীয় ও স্থানীয় সাহিত্য থেকে উঠে আসে বিশ্বসাহিত্য

par l'amélioration rapide de tous les instruments de production

উৎপাদনের সমস্ত যন্ত্রের দ্রুত উন্নতির মাধ্যমে

par les moyens de communication immensément facilités

যোগাযোগের অপরিসীম সুবিধাজনক মাধ্যম দ্বারা

La bourgeoisie entraîne tout le monde (même les nations les plus barbares) dans la civilisation

বুর্জোয়ারা সকলকে (এমনকি সবচেয়ে বর্বর জাতিকেও) সভ্যতার দিকে টেনে নেয়

Les prix bon marché de ses marchandises ; l'artillerie lourde qui abat toutes les murailles chinoises

তার পণ্যের সস্তা দাম; ভারী আর্টিলারি যা সমস্ত চীনা দেয়ালকে আঘাত করে

La haine obstinée des barbares contre les étrangers est forcée de capituler

বিদেশীদের প্রতি বর্বরদের তীব্র একগুঁয়ে ঘৃণা আত্মসমর্পণ করতে বাধ্য হয়

Elle oblige toutes les nations, sous peine d'extinction, à adopter le mode de production bourgeois

এটি বিলুপ্তির যন্ত্রণায় সমস্ত জাতিকে বুর্জোয়া উৎপাদন পদ্ধতি গ্রহণ করতে বাধ্য করে

elle les oblige à introduire ce qu'elle appelle la civilisation en leur sein

এটি তাদের মধ্যে সভ্যতা যাকে বলে তা পরিচয় করিয়ে দিতে বাধ্য করে

La bourgeoisie force les barbares à devenir eux-mêmes bourgeois

বুর্জোয়ারা বর্বরদের নিজেরাই বুর্জোয়া হতে বাধ্য করে

en un mot, la bourgeoisie crée un monde à son image

এক কথায় বুর্জোয়ারা নিজের ভাবমূর্তির পর একটা জগৎ তৈরি করে

La bourgeoisie a soumis les campagnes à la domination des villes

বুর্জোয়ারা গ্রামাঞ্চলকে শহরের শাসনের অধীন করেছে

Il a créé d'énormes villes et considérablement augmenté la population urbaine

এটি বিশাল শহর তৈরি করেছে এবং শহুরে জনসংখ্যা ব্যাপকভাবে বৃদ্ধি করেছে

Il a sauvé une partie considérable de la population de l'idiotie de la vie rurale

এটি জনসংখ্যার একটি উল্লেখযোগ্য অংশকে গ্রামীণ জীবনের নির্বুদ্ধিতা থেকে উদ্ধার করেছিল

mais elle a rendu les ruraux dépendants des villes

কিন্তু এটি গ্রামাঞ্চলের লোকদের শহরের উপর নির্ভরশীল করে তুলেছে

et de même, elle a rendu les pays barbares dépendants des pays civilisés

আর তেমনি বর্বর দেশগুলোকে সভ্যদের মুখাপেক্ষী করে তুলেছে

nations paysannes sur nations bourgeoises, l'Orient sur Occident

বুর্জোয়া জাতির উপর কৃষকদের জাতি, পশ্চিমে পূর্ব

La bourgeoisie se débarrasse de plus en plus de l'éparpillement de la population

বুর্জোয়ারা জনগোষ্ঠীর বিক্ষিপ্ত অবস্থা ক্রমশ দূর করে

Il a une production agglomérée et a concentré la propriété entre quelques mains

এর উৎপাদন বৃদ্ধি পেয়েছে এবং কয়েক হাতে সম্পত্তি কেন্দ্রীভূত হয়েছে

La conséquence nécessaire de cela a été la centralisation politique

এর প্রয়োজনীয় পরিণতি ছিল রাজনৈতিক কেন্দ্রীকরণ

Il y avait eu des nations indépendantes et des provinces vaguement reliées entre elles

স্বাধীন জাতি এবং আলগাভাবে সংযুক্ত প্রদেশ ছিল

Ils avaient des intérêts, des lois, des gouvernements et des systèmes d'imposition distincts

তাদের পৃথক স্বার্থ, আইন, সরকার এবং করের ব্যবস্থা ছিল

Mais ils ont été regroupés en une seule nation, avec un seul gouvernement

কিন্তু তারা একত্রিত হয়ে এক জাতিতে পরিণত হয়েছে, এক সরকার রয়েছে

Ils ont maintenant un intérêt de classe national, une frontière et un tarif douanier

তাদের এখন একটি জাতীয় শ্রেণি-স্বার্থ, একটি সীমান্ত এবং একটি কাস্টমস-ট্যারিফ রয়েছে

Et cet intérêt de classe national est unifié sous un seul code de loi

আর এই জাতীয় শ্রেণি-স্বার্থ একটি আইনের কোডের অধীনে একীভূত

la bourgeoisie a accompli beaucoup de choses au cours de son règne d'à peine cent ans

বুর্জোয়ারা তার দুর্লভ একশো বছরের শাসনকালে অনেক কিছু অর্জন করেছে

forces productives plus massives et plus colossales que toutes les générations précédentes réunies
পূর্ববর্তী সমস্ত প্রজন্মের একত্রিত চেয়ে আরও বৃহদায়তন এবং বিশাল উত্পাদন শক্তি
Les forces de la nature sont soumises à la volonté de l'homme et de ses machines
প্রকৃতির শক্তি মানুষ ও তার যন্ত্রপাতির ইচ্ছার কাছে পরাধীন
La chimie s'applique à toutes les formes d'industrie et à tous les types d'agriculture
রসায়ন সব ধরনের শিল্প এবং কৃষি ধরনের প্রয়োগ করা হয়
la navigation à vapeur, les chemins de fer, les télégraphes électriques et l'imprimerie
বাষ্প-নেভিগেশন, রেলপথ, বৈদ্যুতিক টেলিগ্রাফ এবং প্রিন্টিং প্রেস
défrichement de continents entiers pour la culture, canalisation des rivières
চাষাবাদের জন্য পুরো মহাদেশ সাফ করা, নদী খাল করা
Des populations entières ont été extirpées du sol et mises au travail
পুরো জনগোষ্ঠীকে মাটি থেকে বের করে এনে কাজে লাগানো হয়েছে
Quel siècle précédent avait ne serait-ce qu'un pressentiment de ce qui pourrait être déchaîné ?
পূর্ববর্তী শতাব্দীতে কী ঘটতে পারে তার পূর্বাভাস কী ছিল?
Qui aurait prédit que de telles forces productives sommeillaient dans le giron du travail social ?
কে ভবিষ্যদ্বাণী করেছিল যে এমন উৎপাদিকা শক্তি সামাজিক শ্রমের কোলে ঘুমিয়ে আছে?
Nous voyons donc que les moyens de production et d'échange ont été générés dans la société féodale
তখন আমরা দেখিতে পাই যে, উৎপাদন ও বিনিময়ের উপায়-উপকরণ উৎপন্ন হইয়াছিল সামন্ততান্ত্রিক সমাজে
les moyens de production sur la base desquels la bourgeoisie s'est construite
উৎপাদনের মাধ্যম যার ভিত্তির উপর বুর্জোয়ারা নিজেকে গড়ে তুলেছিল
À un certain stade du développement de ces moyens de production et d'échange
উৎপাদনের এই উপায়সমূহ ও বিনিময়ের বিকাশের এক পর্যায়ে

les conditions dans lesquelles la société féodale produisait et échangeait

যে পরিস্থিতিতে সামন্ততান্ত্রিক সমাজ উৎপাদন ও বিনিময় করেছিল

L'organisation féodale de l'agriculture et de l'industrie manufacturière

কৃষি ও উৎপাদন শিল্পের সামন্ততান্ত্রিক সংগঠন

Les rapports féodaux de propriété n'étaient plus compatibles avec les conditions matérielles

সম্পত্তির সামন্ততান্ত্রিক সম্পর্ক আর বৈষয়িক অবস্থার সাথে সামঞ্জস্যপূর্ণ ছিল না

Ils devaient être brisés, alors ils ont été brisés

তাদের ছিন্নভিন্ন করতে হয়েছিল, তাই তারা ফেটে ফেটে পড়েছিল

À leur place s'est ajoutée la libre concurrence des forces productives

তাদের জায়গায় উৎপাদিকা শক্তির অবাধ প্রতিযোগিতা

et ils étaient accompagnés d'une constitution sociale et politique adaptée à celle-ci

এবং তাদের সাথে একটি সামাজিক ও রাজনৈতিক সংবিধান ছিল যা এর সাথে খাপ খাইয়ে নিয়েছিল

et elle s'accompagnait de l'emprise économique et politique de la classe bourgeoise

এবং এর সাথে ছিল বুর্জোয়া শ্রেণীর অর্থনৈতিক ও রাজনৈতিক প্রভাব

Un mouvement similaire est en train de se produire sous nos yeux

আমাদের নিজেদের চোখের সামনেই তেমনই আন্দোলন চলছে

La société bourgeoise moderne avec ses rapports de production, d'échange et de propriété

আধুনিক বুর্জোয়া সমাজ তার উৎপাদন সম্পর্ক, বিনিময় ও সম্পত্তির সম্পর্ক নিয়ে

une société qui a inventé des moyens de production et d'échange aussi gigantesques

যে সমাজ উৎপাদন ও বিনিময়ের এত বিশাল উপকরণ গড়ে তুলেছে

C'est comme le sorcier qui a invoqué les puissances de l'au-delà

এ যেন জাদুকরের মতো যিনি পাতালের জগতের শক্তিকে ডেকেছিলেন

Mais il n'est plus capable de contrôler ce qu'il a mis au monde

কিন্তু তিনি পৃথিবীতে যা এনেছেন তা তিনি আর নিয়ন্ত্রণ করতে সক্ষম নন

Pendant de nombreuses décennies, l'histoire a été liée par un fil conducteur

বহু দশক ধরে ইতিহাস একটি সাধারণ সুতোয় বাঁধা ছিল

L'histoire de l'industrie et du commerce n'a été que l'histoire des révoltes

শিল্প ও বাণিজ্যের ইতিহাস কিন্তু বিদ্রোহের ইতিহাস

Les révoltes des forces productives modernes contre les conditions modernes de production

আধুনিক উৎপাদন অবস্থার বিরুদ্ধে আধুনিক উৎপাদিকা শক্তির বিদ্রোহ

Les révoltes des forces productives modernes contre les rapports de propriété

সম্পত্তি সম্পর্কের বিরুদ্ধে আধুনিক উৎপাদিকা শক্তির বিদ্রোহ

ces rapports de propriété sont les conditions de l'existence de la bourgeoisie

এই সম্পত্তি সম্পর্কই বুর্জোয়াদের অস্তিত্বের শর্ত

et l'existence de la bourgeoisie détermine les règles des rapports de propriété

এবং বুর্জোয়া অস্তিত্ব সম্পত্তি সম্পর্ক জন্য নিয়ম নির্ধারণ করে

Il suffit de mentionner le retour périodique des crises commerciales

বাণিজ্যিক সংকটের পর্যায়ক্রমিক প্রত্যাবর্তনের কথা উল্লেখ করাই যথেষ্ট

chaque crise commerciale est plus menaçante pour la société bourgeoise que la précédente

প্রতিটি বাণিজ্যিক সংকট বুর্জোয়া সমাজের জন্য গতবারের চেয়ে বেশি হুমকিস্বরূপ

Dans ces crises, une grande partie des produits existants sont détruits

এসব সংকটে বিদ্যমান পণ্যের একটি বড় অংশ ধ্বংস হয়ে যায়

Mais ces crises détruisent aussi les forces productives créées précédemment

কিন্তু এসব সংকট পূর্বের সৃষ্ট উৎপাদিকা শক্তিকেও ধ্বংস করে দেয়

Dans toutes les époques antérieures, ces épidémies auraient semblé une absurdité

পূর্ববর্তী সমস্ত যুগে এই মহামারীগুলি একটি অযৌক্তিক বলে মনে হত

parce que ces épidémies sont les crises commerciales de la surproduction

কারণ এসব মহামারি অতি উৎপাদনের বাণিজ্যিক সংকট

La société se trouve soudain remise dans un état de barbarie momentanée

সমাজ হঠাৎ করেই নিজেকে সাময়িক বর্বরতার অবস্থায় ফেলে দেয়

comme si une guerre universelle de dévastation avait coupé tous les moyens de subsistance

যেন এক সর্বজনীন ধ্বংসযজ্ঞের যুদ্ধ জীবিকার সমস্ত উপায় বন্ধ করে দিয়েছে

l'industrie et le commerce semblent avoir été détruits ; Et pourquoi ?

শিল্প ও বাণিজ্য ধ্বংস হয়ে গেছে বলে মনে হয়; আর কেন?

Parce qu'il y a trop de civilisation et de moyens de subsistance

কারণ সেখানে জীবিকা নির্বাহের সভ্যতা ও উপকরণের আধিক্য রয়েছে

et parce qu'il y a trop d'industrie et trop de commerce

এবং কারণ সেখানে খুব বেশি শিল্প এবং খুব বেশি বাণিজ্য রয়েছে

Les forces productives à la disposition de la société ne développent plus la propriété bourgeoise

সমাজের নিষ্পত্তিতে উৎপাদিকা শক্তি আর বুর্জোয়া সম্পত্তির বিকাশ ঘটায় না

au contraire, ils sont devenus trop puissants pour ces conditions, par lesquelles ils sont enchaînés

পক্ষান্তরে, তারা এই অবস্থার জন্য খুব শক্তিশালী হয়ে উঠেছে, যার দ্বারা তারা বেঁধে রাখা হয়

dès qu'ils surmontent ces entraves, ils mettent le désordre dans toute la société bourgeoise

যখনই তারা এই বন্ধনগুলি অতিক্রম করে, তারা সমগ্র বুর্জোয়া সমাজে বিশৃঙ্খলা ডেকে আনে

et les forces productives mettent en danger l'existence de la propriété bourgeoise

এবং উৎপাদিকা শক্তি বুর্জোয়া সম্পত্তির অস্তিত্বকে বিপন্ন করে
Les conditions de la société bourgeoise sont trop étroites pour englober les richesses qu'elles créent
বুর্জোয়া সমাজের অবস্থা এতই সংকীর্ণ যে তাদের সৃষ্ট সম্পদ গঠন করা সম্ভব নয়
Et comment la bourgeoisie surmonte-t-elle ces crises ?
আর বুর্জোয়ারা এসব সংকট কাটিয়ে উঠবে কীভাবে?
D'une part, elle surmonte ces crises par la destruction forcée d'une masse de forces productives
একদিকে, এটি উত্পাদিকা শক্তির একটি ভরকে জোরপূর্বক ধ্বংস করে এই সংকটগুলি কাটিয়ে ওঠে
D'autre part, elle surmonte ces crises par la conquête de nouveaux marchés
অন্যদিকে, এটি নতুন বাজার বিজয়ের মাধ্যমে এই সংকটগুলি কাটিয়ে ওঠে
et elle surmonte ces crises par l'exploitation plus poussée des anciennes forces productives
এবং পুরাতন উৎপাদন শক্তির অধিকতর পুঙ্খানুপুঙ্খ শোষণের মাধ্যমে সে এসব সংকট কাটিয়ে ওঠে
C'est-à-dire en ouvrant la voie à des crises plus étendues et plus destructrices
অর্থাৎ, আরও বিস্তৃত এবং আরও ধ্বংসাত্মক সংকটের পথ প্রশস্ত করে
elle surmonte la crise en diminuant les moyens de prévention des crises
সংকট প্রতিরোধের উপায় হ্রাস করে সংকট কাটিয়ে ওঠে
Les armes avec lesquelles la bourgeoisie a abattu le féodalisme sont maintenant retournées contre elle-même
যে অস্ত্র দিয়ে বুর্জোয়ারা সামন্ততন্ত্রকে মাটিতে মিশিয়ে দিয়েছিল, সেই অস্ত্র এখন নিজের বিরুদ্ধেই চলে গেছে
Mais non seulement la bourgeoisie a-t-elle forgé les armes qui lui apportent la mort
কিন্তু বুর্জোয়ারা শুধু সেই অস্ত্রই তৈরি করেনি যা নিজের মৃত্যু ডেকে আনে
Il a également appelé à l'existence les hommes qui doivent manier ces armes

এটি সেই অস্ত্রগুলি চালানোর জন্য পুরুষদেরও অস্তিত্বের আহ্বান জানিয়েছে

Et ces hommes sont la classe ouvrière moderne ; Ce sont les prolétaires

আর এরাই আধুনিক শ্রমিক শ্রেণী; এরাই সর্বহারা

À mesure que la bourgeoisie se développe, le prolétariat se développe dans la même proportion

যে অনুপাতে বুর্জোয়া শ্রেণি বিকশিত হয়, সেই অনুপাতে প্রলেতারিয়েত বিকশিত হয়

La classe ouvrière moderne a développé une classe d'ouvriers

আধুনিক শ্রমিক শ্রেণি শ্রমিকদের একটি শ্রেণি গড়ে তুলেছিল

Cette classe d'ouvriers ne vit que tant qu'elle trouve du travail

এই শ্রেণীর শ্রমিকরা ততক্ষণই বাঁচে যতক্ষণ তারা কাজ পায়

et ils ne trouvent de travail qu'aussi longtemps que leur travail augmente le capital

এবং তারা ততক্ষণই কাজ খুঁজে পায় যতক্ষণ তাদের শ্রম মূলধন বৃদ্ধি করে

Ces ouvriers, qui doivent se vendre à la pièce, sont une marchandise

এই শ্রমিকরা, যাদের নিজেদের টুকরো টুকরো করে বিক্রি করতে হয়, তারা একটি পণ্য

Ces ouvriers sont comme tous les autres articles de commerce

এই শ্রমিকরা বাণিজ্যের অন্যান্য জিনিসপত্রের মতোই

et, par conséquent, ils sont exposés à toutes les vicissitudes de la concurrence

এবং ফলস্বরূপ তারা প্রতিযোগিতার সমস্ত উত্থান-পতনের মুখোমুখি হয়

Ils doivent faire face à toutes les fluctuations du marché

বাজারের সব ওঠানামা তাদের মোকাবেলা করতে হবে

En raison de l'utilisation intensive des machines et de la division du travail

যন্ত্রপাতির ব্যাপক ব্যবহার এবং শ্রম বিভাজনের কারণে

Le travail des prolétaires a perdu tout caractère individuel

প্রলেতারিয়েতদের কাজ সমস্ত স্বতন্ত্র চরিত্র হারিয়েছে

et, par conséquent, le travail des prolétaires a perdu tout charme pour l'ouvrier

আর ফলস্বরূপ প্রলেতারিয়েতদের কাজ শ্রমিকের প্রতি সমস্ত আকর্ষণ হারিয়েছে

Il devient un appendice de la machine, plutôt que l'homme qu'il était autrefois

তিনি একসময় যে মানুষ ছিলেন তার পরিবর্তে তিনি মেশিনের একটি উপাঙ্গ হয়ে ওঠেন

On n'exige de lui que l'habileté la plus simple, la plus monotone et la plus facile à acquérir

কেবল সবচেয়ে সহজ, একঘেয়ে এবং সবচেয়ে সহজে অর্জিত নৈপুণ্য তার কাছ থেকে প্রয়োজন

Par conséquent, le coût de production d'un ouvrier est limité

অতএব, একজন শ্রমিকের উৎপাদন খরচ সীমাবদ্ধ

elle se limite presque entièrement aux moyens de subsistance dont il a besoin pour son entretien

এটি তার ভরণপোষণের জন্য প্রয়োজনীয় জীবিকা নির্বাহের উপকরণের মধ্যে প্রায় সম্পূর্ণরূপে সীমাবদ্ধ

et elle est limitée aux moyens de subsistance dont il a besoin pour la propagation de sa race

এবং তার বংশের বংশ বিস্তারের জন্য যে জীবিকা নির্বাহের উপকরণ প্রয়োজন তা সীমাবদ্ধ

Mais le prix d'une marchandise, et par conséquent aussi du travail, est égal à son coût de production

কিন্তু একটি পণ্যের দাম, এবং সেইজন্য শ্রমেরও, তার উৎপাদন খরচের সমান

C'est pourquoi, à mesure que le travail répugnant augmente, le salaire diminue

অনুপাতে তাই কাজের বিতৃষ্ণা যত বাড়ে, মজুরি তত কমে যায়

Bien plus, le caractère répugnant de son travail augmente à un rythme encore plus grand

বরং তার কাজের ঘৃণা আরও বেশি হারে বৃদ্ধি পায়

À mesure que l'utilisation des machines et la division du travail augmentent, le fardeau du labeur augmente également

যন্ত্রপাতির ব্যবহার ও শ্রম বিভাজন যত বাড়ে, পরিশ্রমের বোঝাও তত বাড়ে

La charge de travail est augmentée par la prolongation du temps de travail
কাজের সময় দীর্ঘায়িত করে পরিশ্রমের বোঝা বৃদ্ধি পায়
On attend plus de l'ouvrier dans le même temps qu'auparavant
আগের মতো একই সময়ে শ্রমিকের কাছ থেকে আরও বেশি আশা করা যায়
Et bien sûr, le poids du labeur est augmenté par la vitesse de la machine
এবং অবশ্যই যন্ত্রপাতির গতি দ্বারা পরিশ্রমের বোঝা বৃদ্ধি পায়
L'industrie moderne a transformé le petit atelier du maître patriarcal en la grande usine du capitaliste industriel
আধুনিক শিল্প পিতৃতান্ত্রিক প্রভুর ক্ষুদ্র কর্মশালাকে শিল্প পুঁজিপতির মহাকারখানায় রূপান্তরিত করেছে
Des masses d'ouvriers, entassés dans l'usine, s'organisent comme des soldats
কারখানায় ভিড় করা শ্রমিকরা সৈনিকের মতো সংগঠিত
En tant que simples soldats de l'armée industrielle, ils sont placés sous le commandement d'une hiérarchie parfaite d'officiers et de sergents
শিল্প সেনাবাহিনীর প্রাইভেট হিসাবে তাদের অফিসার এবং সার্জেন্টদের একটি নিখুঁত শ্রেণিবিন্যাসের কমান্ডের অধীনে রাখা হয়
ils ne sont pas seulement les esclaves de la classe bourgeoise et de l'État
তারা শুধু বুর্জোয়া শ্রেণি ও রাষ্ট্রের দাস নয়
Mais ils sont aussi asservis quotidiennement et d'heure en heure par la machine
কিন্তু তারাও প্রতিদিন এবং প্রতি ঘন্টায় যন্ত্রের দাসত্বে আবদ্ধ হয়
ils sont asservis par le surveillant, et surtout par le fabricant bourgeois lui-même
তারা উপরোক্ষ দর্শকের দাসত্বে আবদ্ধ, এবং সর্বোপরি স্বয়ং বুর্জোয়া প্রস্তুতকারকের দ্বারা
Plus ce despotisme proclame ouvertement que le gain est sa fin et son but, plus il est mesquin, plus haïssable et plus aigri
এই স্বৈরাচার যত বেশি প্রকাশ্যে লাভকে তার শেষ ও লক্ষ্য বলে ঘোষণা করে, তত বেশি ক্ষুদ্র, আরও ঘৃণ্য এবং আরও তিক্ত হয়

Plus l'industrie moderne se développe, moins les différences entre les sexes sont grandes

যত বেশি আধুনিক শিল্প বিকশিত হয়, লিঙ্গগুলির মধ্যে পার্থক্য তত কম হয়

Moins le travail manuel exige d'habileté et d'effort de force, plus le travail des hommes est supplanté par celui des femmes

কায়িক শ্রমে নিহিত দক্ষতা এবং শক্তির পরিশ্রম যত কম হয়, পুরুষের শ্রম তত বেশি নারীর দ্বারা ছাড়িয়ে যায়

Les différences d'âge et de sexe n'ont plus de validité sociale distincte pour la classe ouvrière

শ্রমিক শ্রেণির কাছে বয়স ও লিঙ্গের পার্থক্যের আর কোনো স্বতন্ত্র সামাজিক বৈধতা নেই

Tous sont des instruments de travail, plus ou moins coûteux à utiliser, selon leur âge et leur sexe

সবগুলোই শ্রমের উপকরণ, বয়স ও লিঙ্গ অনুযায়ী ব্যবহার করা কমবেশি ব্যয়বহুল

dès que l'ouvrier reçoit son salaire en espèces, il est attaqué par les autres parties de la bourgeoisie

শ্রমিক নগদ মজুরি পেলেই বুর্জোয়াদের অন্যান্য অংশ তার উপর চাপিয়ে দেয়

le propriétaire, le commerçant, le prêteur sur gages, etc

বাড়িওয়ালা, দোকানদার, বন্ধকী দালাল ইত্যাদি

Les couches inférieures de la classe moyenne ; les petits commerçants et les commerçants

মধ্যবিত্তের নিম্ন স্তর; ক্ষুদ্র ব্যবসায়ী ও দোকানদার

les commerçants retraités en général, et les artisans et les paysans

অবসরপ্রাপ্ত ব্যবসায়ী সাধারণত, এবং হস্তশিল্পী ও কৃষক

tout cela s'enfonce peu à peu dans le prolétariat

এসবই ধীরে ধীরে প্রলেতারিয়েতের মধ্যে ডুবে যায়

en partie parce que leur petit capital ne suffit pas à l'échelle sur laquelle l'industrie moderne est exercée

আংশিক কারণ আধুনিক শিল্প যে মাত্রায় পরিচালিত হয় তার জন্য তাদের ক্ষুদ্র মূলধন যথেষ্ট নয়

et parce qu'elle est submergée par la concurrence avec les grands capitalistes

এবং কারণ এটি বড় পুঁজিপতিদের সাথে প্রতিযোগিতায় ডুবে গেছে

en partie parce que leur savoir-faire spécialisé est rendu sans valeur par les nouvelles méthodes de production

আংশিক কারণ তাদের বিশেষ দক্ষতা উৎপাদনের নতুন পদ্ধতির দ্বারা মূল্যহীন হয়ে পড়েছে

Ainsi le prolétariat se recrute dans toutes les classes de la population

এভাবে প্রলেতারিয়েত নিয়োগ করা হয় সকল শ্রেণীর জনগোষ্ঠী থেকে

Le prolétariat passe par différents stades de développement

প্রলেতারিয়েত বিকাশের বিভিন্ন ধাপ অতিক্রম করে

Avec sa naissance commence sa lutte contre la bourgeoisie

এর জন্মের সাথে সাথে বুর্জোয়াদের সাথে তার সংগ্রাম শুরু হয়

Dans un premier temps, la lutte est menée par des ouvriers individuels

প্রথমে প্রতিযোগিতাটি পৃথক শ্রমিকদের দ্বারা পরিচালিত হয়

Ensuite, le concours est mené par les ouvriers d'une usine

তারপরে প্রতিযোগিতাটি একটি কারখানার শ্রমিকদের দ্বারা পরিচালিত হয়

Ensuite, la lutte est menée par les agents d'un métier, dans une localité

তারপর প্রতিযোগিতা চালায় এক ট্রেডের অপারেটিভদের দ্বারা, এক লোকালয়ে

et la lutte est alors contre la bourgeoisie individuelle qui les exploite directement

এবং প্রতিযোগিতা তখন ব্যক্তি বুর্জোয়াদের বিরুদ্ধে যারা সরাসরি তাদের শোষণ করে

Ils ne dirigent pas leurs attaques contre les conditions de production de la bourgeoisie

তারা তাদের আক্রমণ পরিচালনা করে উৎপাদনের বুর্জোয়া অবস্থার বিরুদ্ধে নয়

mais ils dirigent leur attaque contre les instruments de production eux-mêmes

কিন্তু তারা নিজেরাই উৎপাদনের হাতিয়ারগুলোর বিরুদ্ধে তাদের আক্রমণ পরিচালনা করে

Ils détruisent les marchandises importées qui font
concurrence à leur main-d'œuvre
তারা তাদের শ্রমের সাথে প্রতিযোগিতা করে এমন আমদানি করা
পণ্যগুলি ধ্বংস করে
Ils brisent les machines et mettent le feu aux usines
তারা যন্ত্রপাতি ভেঙে টুকরো টুকরো করে কারখানায় আগুন ধরিয়ে
দেয়
ils cherchent à restaurer par la force le statut disparu de
l'ouvrier du Moyen Âge
তারা বলপূর্বক মধ্যযুগের শ্রমিকের বিলুপ্ত অবস্থা পুনরুদ্ধার করতে
চায়
À ce stade, les ouvriers forment encore une masse
incohérente dispersée dans tout le pays
এই পর্যায়ে শ্রমিকরা এখনও সারা দেশে ছড়িয়ে ছিটিয়ে থাকা একটি
অসংলগ্ন জনগোষ্ঠী গঠন করে
et ils sont brisés par leur concurrence mutuelle
এবং তারা তাদের পারস্পরিক প্রতিযোগিতা দ্বারা বিভক্ত হয়
S'ils s'unissent quelque part pour former des corps plus
compacts, ce n'est pas encore la conséquence de leur propre
union active
কোথাও যদি তারা ঐক্যবদ্ধ হয়ে আরও সুসংহত সংস্থা গঠন করে,
তবে এটি এখনও তাদের নিজস্ব সক্রিয় মিলনের পরিণতি নয়
mais c'est une conséquence de l'union de la bourgeoisie,
d'atteindre ses propres fins politiques
কিন্তু এটা বুর্জোয়াদের মিলনের পরিণতি, তার নিজস্ব রাজনৈতিক
লক্ষ্য অর্জন করা
la bourgeoisie est obligée de mettre en mouvement tout le
prolétariat
বুর্জোয়ারা সমগ্র প্রলেতারিয়েতকে গতিশীল করতে বাধ্য হয়
et d'ailleurs, pour un temps, la bourgeoisie est capable de le
faire
এবং অধিকন্তু, কিছু সময়ের জন্য, বুর্জোয়ারা তা করতে সক্ষম
À ce stade, les prolétaires ne combattent donc pas leurs
ennemis
এই পর্যায়ে, তাই, সর্বহারারা তাদের শত্রুদের সাথে লড়াই করে না
mais au lieu de cela, ils combattent les ennemis de leurs
ennemis

কিন্তু এর পরিবর্তে তারা তাদের শত্রুদের শত্রুদের বিরুদ্ধে লড়াই
করছে

La lutte contre les vestiges de la monarchie absolue et les
propriétaires terriens

পরম রাজতন্ত্র এবং জমির মালিকদের অবশিষ্টাংশের লড়াই

ils combattent la bourgeoisie non industrielle ; la petite
bourgeoisie

তারা অ-শিল্প বুর্জোয়াদের বিরুদ্ধে লড়াই করে; পেটি বুর্জোয়া

Ainsi tout le mouvement historique est concentré entre les
mains de la bourgeoisie

এভাবে সমগ্র ঐতিহাসিক আন্দোলন বুর্জোয়াদের হাতে কেন্দ্রীভূত

chaque victoire ainsi obtenue est une victoire pour la
bourgeoisie

এভাবে অর্জিত প্রতিটি বিজয়ই বুর্জোয়াদের বিজয়

Mais avec le développement de l'industrie, le prolétariat ne
se contente pas d'augmenter en nombre

কিন্তু শিল্পের বিকাশের সঙ্গে সঙ্গে প্রলেতারিয়েত শুধু সংখ্যাতেই
বাড়ে না

le prolétariat se concentre en masses plus grandes et sa force
s'accroît

সর্বহারা শ্রেণী বৃহত্তর জনগোষ্ঠীতে কেন্দ্রীভূত হয় এবং তার শক্তি বৃদ্ধি
পায়

et le prolétariat ressent de plus en plus cette force

এবং সর্বহারা শ্রেণী সেই শক্তি আরও বেশি করে অনুভব করে

Les divers intérêts et conditions de vie dans les rangs du
prolétariat sont de plus en plus égalisés

প্রলেতারিয়েতের সারির মধ্যে জীবনের বিভিন্ন স্বার্থ ও শর্ত ক্রমশ
সমান হয়ে উঠছে

elles deviennent plus proportionnelles à mesure que les
machines effacent toutes les distinctions de travail

যন্ত্রপাতি শ্রমের সমস্ত বৈষম্য মুছে ফেলার সাথে সাথে তারা আরও
অনুপাতে হয়ে ওঠে

et les machines réduisent presque partout les salaires au
même bas niveau

এবং যন্ত্রপাতি প্রায় সর্বত্র একই নিম্ন স্তরে মজুরি হ্রাস করে

La concurrence croissante entre la bourgeoisie et les crises commerciales qui en résultent rendent les salaires des ouvriers de plus en plus fluctuants
বুর্জোয়াদের মধ্যে ক্রমবর্ধমান প্রতিযোগিতা এবং তার ফলে সৃষ্ট বাণিজ্যিক সংকট শ্রমিকদের মজুরিকে আরও বেশি ওঠানামা করে তোলে
L'amélioration incessante des machines, qui se développe de plus en plus rapidement, rend leurs moyens d'existence de plus en plus précaires
যন্ত্রপাতির ক্রমাগত উন্নতি, যা ক্রমশ দ্রুত বিকশিত হচ্ছে, তা তাদের জীবিকাকে আরও বেশি অনিশ্চিত করে তুলছে
les collisions entre les ouvriers individuels et la bourgeoisie individuelle prennent de plus en plus le caractère de collisions entre deux classes
ব্যক্তি শ্রমিক এবং ব্যক্তি বুর্জোয়াদের মধ্যে সংঘর্ষ দুটি শ্রেণীর মধ্যে সংঘর্ষের চরিত্র আরও বেশি করে গ্রহণ করে
Là-dessus, les ouvriers commencent à former des associations (syndicats) contre la bourgeoisie
তখন শ্রমিকরা বুর্জোয়াদের বিরুদ্ধে জোট গঠন (ট্রেড ইউনিয়ন) গঠন করতে শুরু করে
Ils s'associent pour maintenir le taux des salaires
মজুরির হার বজায় রাখার জন্য তারা একত্রিত হয়
Ils fondèrent des associations permanentes afin de pourvoir à l'avance à ces révoltes occasionnelles
তারা এই মাঝে মাঝে বিদ্রোহের জন্য আগে থেকেই ব্যবস্থা করার জন্য স্থায়ী সমিতি খুঁজে পেয়েছিল
Ici et là, la lutte éclate en émeutes
এখানে সেখানে প্রতিযোগিতা দাঙ্গায় রূপ নেয়
De temps en temps, les ouvriers sont victorieux, mais seulement pour un temps
মাঝে মাঝে শ্রমিকরা বিজয়ী হয়, তবে তা কেবল কিছু সময়ের জন্য
Le vrai fruit de leurs luttes n'est pas dans le résultat immédiat, mais dans l'union toujours plus grande des travailleurs
তাদের লড়াইয়ের আসল ফল নিহিত আছে তাৎক্ষণিক ফলাফলে নয়, শ্রমিকদের সদা প্রসারিত মিলনের মধ্যে

Cette union est favorisée par les moyens de communication améliorés créés par l'industrie moderne

এই ইউনিয়ন আধুনিক শিল্প দ্বারা নির্মিত যোগাযোগের উন্নত মাধ্যম দ্বারা সাহায্য করা হয়

La communication moderne met en contact les travailleurs de différentes localités les uns avec les autres

আধুনিক যোগাযোগ ব্যবস্থা বিভিন্ন এলাকার শ্রমিকদের একে অপরের সংস্পর্শে নিয়ে আসে

C'était précisément ce contact qui était nécessaire pour centraliser les nombreuses luttes locales en une lutte nationale entre les classes

অসংখ্য স্থানীয় সংগ্রামকে শ্রেণীগুলির মধ্যে একটি জাতীয় সংগ্রামে কেন্দ্রীভূত করার জন্য কেবল এই যোগাযোগের প্রয়োজন ছিল

Toutes ces luttes sont du même caractère, et toute lutte de classe est une lutte politique

এই সমস্ত সংগ্রাম একই চরিত্রের, এবং প্রত্যেকটা শ্রেণী-সংগ্রামই হল রাজনৈতিক সংগ্রাম

les bourgeois du moyen âge, avec leurs misérables routes, mettaient des siècles à former leurs syndicats

মধ্যযুগের বার্গাররা, তাদের দুঃখজনক মহাসড়ক সহ, তাদের ইউনিয়ন গঠনের জন্য কয়েক শতাব্দী প্রয়োজন

Les prolétaires modernes, grâce aux chemins de fer, réalisent leurs syndicats en quelques années

আধুনিক প্রলেতারিয়েতরা, রেলওয়েকে ধন্যবাদ, কয়েক বছরের মধ্যে তাদের ইউনিয়ন অর্জন করে

Cette organisation des prolétaires en classe les a donc formés en parti politique

প্রলেতারিয়েতদের এই শ্রেণীতে সংগঠিত করার ফলে তারা একটি রাজনৈতিক পার্টিতে পরিণত হয়

La classe politique est continuellement bouleversée par la concurrence entre les travailleurs eux-mêmes

শ্রমিকদের নিজেদের মধ্যে প্রতিযোগিতায় রাজনৈতিক শ্রেণি ক্রমাগত বিপর্যস্ত হচ্ছে

Mais la classe politique continue de se soulever, plus forte, plus ferme, plus puissante

কিন্তু রাজনৈতিক শ্রেণি আবার উঠে দাঁড়াচ্ছে, আরও শক্তিশালী, দৃঢ়, শক্তিশালী

Elle oblige la législation à reconnaître les intérêts particuliers des travailleurs

এটি শ্রমিকদের বিশেষ স্বার্থের আইনী স্বীকৃতিকে বাধ্য করে

il le fait en profitant des divisions au sein de la bourgeoisie elle-même

এটা করে খোদ বুর্জোয়াদের মধ্যে বিভাজনের সুযোগ নিয়ে

C'est ainsi qu'en Angleterre fut promulguée la loi sur les dix heures

এভাবে ইংল্যান্ডে দশ ঘণ্টার বিলটি আইনে পরিণত হয়

à bien des égards, les collisions entre les classes de l'ancienne société sont en outre le cours du développement du prolétariat

নানাভাবে পুরাতন সমাজের শ্রেণীসমূহের মধ্যে সংঘর্ষ সর্বহারা শ্রেণীর বিকাশের ধারা

La bourgeoisie se trouve engagée dans une bataille de tous les instants

বুর্জোয়ারা নিজেকে নিরন্তর লড়াইয়ে জড়িয়ে পড়ে

Dans un premier temps, il se trouvera impliqué dans une bataille constante avec l'aristocratie

প্রথমে এটি অভিজাতদের সাথে নিরন্তর লড়াইয়ে নিজেকে জড়িত দেখতে পাবে

plus tard, elle se trouvera engagée dans une lutte constante avec ces parties de la bourgeoisie elle-même

পরবর্তীকালে সে নিজেকেই বুর্জোয়াদের ঐ অংশগুলির সাথে নিরন্তর যুদ্ধে জড়িয়ে পড়বে

et leurs intérêts seront devenus antagonistes au progrès de l'industrie

এবং তাদের স্বার্থ শিল্পের অগ্রগতির প্রতিকূল হয়ে উঠবে

à tout moment, leurs intérêts seront devenus antagonistes avec la bourgeoisie des pays étrangers

সব সময় তাদের স্বার্থ বিদেশের বুর্জোয়াদের কাছে বৈরী হয়ে উঠবে

Dans toutes ces batailles, elle se voit obligée de faire appel au prolétariat et lui demande son aide

এই সমস্ত লড়াইয়ে সে নিজেকে সর্বহারা শ্রেণীর কাছে আবেদন করতে বাধ্য বলে মনে করে এবং তার সাহায্য চায়

Et ainsi, il se sentira obligé de l'entraîner dans l'arène politique

আর এভাবেই তাকে রাজনৈতিক পরিধিতে টেনে আনতে বাধ্য হবে
C'est pourquoi la bourgeoisie elle-même fournit au prolétariat ses propres instruments d'éducation politique et générale
বুর্জোয়া শ্রেণী তাই প্রলেতারিয়েতকে তার নিজস্ব রাজনৈতিক ও সাধারণ শিক্ষার হাতিয়ার সরবরাহ করে
c'est-à-dire qu'il fournit au prolétariat des armes pour combattre la bourgeoisie
অন্য কথায়, এটি সর্বহারা শ্রেণীকে বুর্জোয়াদের বিরুদ্ধে লড়াই করার জন্য অস্ত্র সরবরাহ করে
De plus, comme nous l'avons déjà vu, des sections entières des classes dominantes sont précipitées dans le prolétariat
অধিকন্তু, যেমনটি আমরা ইতিমধ্যেই দেখেছি, শাসক শ্রেণীর সমগ্র অংশই সর্বহারা শ্রেণীতে ঢুকে পড়েছে
le progrès de l'industrie les aspire dans le prolétariat
শিল্পের অগ্রযাত্রা তাদের সর্বহারা শ্রেণীতে টেনে নেয়
ou, du moins, ils sont menacés dans leurs conditions d'existence
অথবা, অন্তত, তারা তাদের অস্তিত্বের শর্তে হুমকির সম্মুখীন হয়
Ceux-ci fournissent également au prolétariat de nouveaux éléments d'illumination et de progrès
এগুলি সর্বহারা শ্রেণীকে জ্ঞান ও প্রগতির নতুন উপাদান সরবরাহ করে
Enfin, à l'approche de l'heure décisive de la lutte des classes
অবশেষে, এমন সময়ে যখন শ্রেণীসংগ্রাম নির্ণায়ক সময়ের কাছাকাছি
le processus de dissolution en cours au sein de la classe dirigeante
শাসক শ্রেণীর অভ্যন্তরে চলছে বিলুপ্তির প্রক্রিয়া
En fait, la dissolution en cours au sein de la classe dirigeante se fera sentir dans toute la société
বস্তুত শাসক শ্রেণীর অভ্যন্তরে যে বিলুপ্তি চলছে তা সমাজের সর্বস্তরের মধ্যেই অনুভূত হবে
Il prendra un caractère si violent et si flagrant qu'une petite partie de la classe dirigeante se laissera aller à la dérive
এটি এমন হিংস্র, স্পষ্ট চরিত্র ধারণ করবে যে শাসক শ্রেণীর একটি ক্ষুদ্র অংশ নিজেকে বিচ্ছিন্ন করে ফেলবে

et que la classe dirigeante rejoindra la classe révolutionnaire
আর সেই শাসক শ্রেণী বিপ্লবী শ্রেণীতে যোগ দেবে
La classe révolutionnaire étant la classe qui tient l'avenir entre ses mains
বিপ্লবী শ্রেণী হচ্ছে সেই শ্রেণী যা ভবিষ্যৎকে তার হাতে ধরে রেখেছে
Comme à une époque antérieure, une partie de la noblesse passa dans la bourgeoisie
ঠিক যেমন আগেকার যুগে অভিজাতদের একটা অংশ বুর্জোয়াদের হাতে চলে গিয়েছিল
de la même manière qu'une partie de la bourgeoisie passera au prolétariat
একইভাবে বুর্জোয়াদের একটি অংশ প্রলেতারিয়েতের কাছে চলে যাবে
en particulier, une partie de la bourgeoisie passera à une partie des idéologues de la bourgeoisie
বিশেষত, বুর্জোয়াদের একটি অংশ বুর্জোয়া মতাদর্শীদের একটি অংশের কাছে চলে যাবে
Des idéologues bourgeois qui se sont élevés au niveau de la compréhension théorique du mouvement historique dans son ensemble
বুর্জোয়া মতাদর্শবিদ যারা সামগ্রিকভাবে ঐতিহাসিক আন্দোলনকে তাত্ত্বিকভাবে বোঝার স্তরে নিজেদেরকে উন্নীত করেছেন
De toutes les classes qui se trouvent aujourd'hui en face de la bourgeoisie, seule le prolétariat est une classe vraiment révolutionnaire
আজ যে সমস্ত শ্রেণী বুর্জোয়াদের মুখোমুখি দাঁড়িয়ে আছে, তার মধ্যে একমাত্র প্রলেতারিয়েতই হচ্ছে সত্যিকারের বিপ্লবী শ্রেণী
Les autres classes se dégradent et finissent par disparaître devant l'industrie moderne
আধুনিক শিল্পের মুখে অন্য শ্রেণিগুলো ক্ষয় হয়ে অবশেষে বিলুপ্ত হয়ে যায়
le prolétariat est son produit spécial et essentiel
প্রলেতারিয়েত তার বিশেষ ও অপরিহার্য পণ্য
La petite bourgeoisie, le petit industriel, le commerçant, l'artisan, le paysan
নিম্ন মধ্যবিত্ত, ক্ষুদ্র উৎপাদক, দোকানদার, কারিগর, কৃষক
toutes ces luttes contre la bourgeoisie

এই সব বুর্জোয়াদের বিরুদ্ধে লড়াই
Ils se battent en tant que fractions de la classe moyenne pour se sauver de l'extinction
তারা মধ্যবিত্তের ভগ্নাংশ হিসাবে নিজেদের বিলুপ্তির হাত থেকে বাঁচানোর জন্য লড়াই করে
Ils ne sont donc pas révolutionnaires, mais conservateurs
তাই তারা বিপ্লবী নয়, রক্ষণশীল
Bien plus, ils sont réactionnaires, car ils essaient de faire reculer la roue de l'histoire
বরং তারা প্রতিক্রিয়াশীল, কারণ তারা ইতিহাসের চাকা পেছানোর চেষ্টা করে
Si par hasard ils sont révolutionnaires, ils ne le sont qu'en vue de leur transfert imminent dans le prolétariat
যদি দৈবক্রমে তারা বিপ্লবী হয়, তবে তারা কেবল সর্বহারা শ্রেণীতে তাদের আসন্ন স্থানান্তরের পরিপ্রেক্ষিতে
Ils défendent ainsi non pas leurs intérêts présents, mais leurs intérêts futurs
এভাবে তারা তাদের বর্তমানকে নয়, বরং তাদের ভবিষ্যতের স্বার্থ রক্ষা করে
ils désertent leur propre point de vue pour se placer à celui du prolétariat
তারা নিজেদের অবস্থান পরিত্যাগ করে নিজেদেরকে সর্বহারা শ্রেণীর অবস্থানে স্থাপন করে
La « classe dangereuse », la racaille sociale, cette masse en décomposition passive rejetée par les couches les plus basses de la vieille société
"বিপজ্জনক শ্রেণী", সামাজিক নোংরামি, পুরানো সমাজের নিম্নতম স্তরগুলি দ্বারা নিক্ষিপ্তভাবে পচে যাওয়া জনগণকে নিক্ষেপ করে
Ils peuvent, ici et là, être entraînés dans le mouvement par une révolution prolétarienne
তারা এখানে-ওখানে সর্বহারা বিপ্লবের মাধ্যমে আন্দোলনে ভেসে যেতে পারে
Ses conditions de vie, cependant, le préparent beaucoup plus au rôle d'instrument soudoyé de l'intrigue réactionnaire
এর জীবনযাত্রার অবস্থা অবশ্য এটিকে প্রতিক্রিয়াশীল ষড়যন্ত্রের ঘুষের হাতিয়ারের অংশের জন্য আরও বেশি প্রস্তুত করে

Dans les conditions du prolétariat, ceux de l'ancienne société dans son ensemble sont déjà virtuellement submergés
প্রলেতারিয়েতের অবস্থায়, বৃহত্তর পুরাতন সমাজের লোকেরা ইতিমধ্যে কার্যত জলাবদ্ধ হয়ে পড়েছে

Le prolétaire est sans propriété
সর্বহারা সম্পত্তিহীন

ses rapports avec sa femme et ses enfants n'ont plus rien de commun avec les relations familiales de la bourgeoisie
স্ত্রী-সন্তানদের সঙ্গে তার সম্পর্কের সঙ্গে বুর্জোয়াদের পারিবারিক সম্পর্কের আর কোনো মিল নেই

le travail industriel moderne, la sujétion moderne au capital, la même en Angleterre qu'en France, en Amérique comme en Allemagne
আধুনিক শিল্প শ্রম, পুঁজির আধুনিক অধীনতা, ইংল্যান্ডে যেমন ফ্রান্সে, আমেরিকায় তেমনি জার্মানিতে

Sa condition dans la société l'a dépouillé de toute trace de caractère national
সমাজে তার অবস্থা তাকে জাতীয় চরিত্রের সমস্ত চিহ্ন থেকে বঞ্চিত করেছে

La loi, la morale, la religion, sont pour lui autant de préjugés bourgeois
আইন, নৈতিকতা, ধর্ম তার কাছে অনেক বুর্জোয়া কুসংস্কার

et derrière ces préjugés se cachent en embuscade autant d'intérêts bourgeois
আর এসব কুসংস্কারের পেছনে লুকিয়ে আছে অনেক বুর্জোয়া স্বার্থের মতোই

Toutes les classes précédentes, qui ont pris le dessus, ont cherché à fortifier leur statut déjà acquis
পূর্ববর্তী সমস্ত শ্রেণী যারা উচ্চতর হাত পেয়েছিল, তারা তাদের ইতিমধ্যে অর্জিত মর্যাদাকে শক্তিশালী করার চেষ্টা করেছিল

Ils l'ont fait en soumettant la société dans son ensemble à leurs conditions d'appropriation
তারা বৃহত্তর সমাজকে তাদের দখলের শর্তের অধীন করে এটি করেছিল

Les prolétaires ne peuvent pas devenir maîtres des forces productives de la société
প্রলেতারিয়েতরা সমাজের উৎপাদিকা শক্তির প্রভু হতে পারে না

elle ne peut le faire qu'en abolissant son propre mode d'appropriation antérieur

এটি কেবল তাদের পূর্ববর্তী দখলের পদ্ধতিটি বিলুপ্ত করে এটি করতে পারে

et par là même elle abolit tout autre mode d'appropriation antérieur

এবং এর ফলে এটি দখলের পূর্ববর্তী সমস্ত পদ্ধতিও বিলুপ্ত করে

Ils n'ont rien à eux pour s'assurer et se fortifier

সুরক্ষিত করার এবং শক্তিশালী করার জন্য তাদের নিজস্ব কিছুই নেই

Leur mission est de détruire toutes les sûretés antérieures et les assurances de biens individuels

তাদের লক্ষ্য হ'ল পৃথক সম্পত্তির জন্য পূর্ববর্তী সমস্ত সিকিউরিটিজ এবং বীমা ধ্বংস করা

Tous les mouvements historiques antérieurs étaient des mouvements de minorités

পূর্ববর্তী সকল ঐতিহাসিক আন্দোলন ছিল সংখ্যালঘুদের আন্দোলন

ou bien il s'agissait de mouvements dans l'intérêt des minorités

অথবা তারা সংখ্যালঘুদের স্বার্থে আন্দোলন ছিল

Le mouvement prolétarien est le mouvement conscient et indépendant de l'immense majorité

সর্বহারা আন্দোলন হচ্ছে বিপুল সংখ্যাগরিষ্ঠের আত্মসচেতন, স্বাধীন আন্দোলন

Et c'est un mouvement dans l'intérêt de l'immense majorité

এবং এটি বিপুল সংখ্যাগরিষ্ঠের স্বার্থে একটি আন্দোলন

Le prolétariat, couche la plus basse de notre société actuelle

প্রলেতারিয়েত, আমাদের বর্তমান সমাজের সর্বনিম্ন স্তর

elle ne peut ni s'agiter ni s'élever sans que toutes les couches supérieures de la société officielle ne soient soulevées en l'air

আনুষ্ঠানিক সমাজের সমগ্র সুপারিন্ট স্তর বাতাসে উড়তে না পারলে সে নিজেকে আলোড়িত বা উত্থাপিত করতে পারে না

Loin d'être dans le fond, mais dans la forme, la lutte du prolétariat contre la bourgeoisie est d'abord une lutte nationale

সারবস্তুতে না হলেও আকারে বুর্জোয়াদের সঙ্গে সর্বহারা শ্রেণীর সংগ্রাম প্রথমে একটা জাতীয় সংগ্রাম

Le prolétariat de chaque pays doit, bien entendu, régler d'abord ses affaires avec sa propre bourgeoisie

প্রত্যেক দেশের প্রলেতারিয়েতকে অবশ্যই সর্বাগ্রে তার নিজস্ব বুর্জোয়াদের সাথে বিষয়টির মীমাংসা করতে হবে

En décrivant les phases les plus générales du développement du prolétariat, nous avons retracé la guerre civile plus ou moins voilée

প্রলেতারিয়েতের বিকাশের সবচেয়ে সাধারণ পর্যায়গুলি চিত্রিত করতে গিয়ে আমরা কমবেশি প্রচ্ছন্ন গৃহযুদ্ধের সন্ধান পেয়েছি

Ce civil fait rage au sein de la société existante

বিদ্যমান সমাজে এই নাগরিক চলছে

Elle fera rage jusqu'au point où cette guerre éclatera en révolution ouverte

এটি এমন পর্যায়ে পৌঁছাবে যে সেই যুদ্ধ প্রকাশ্য বিপ্লবে ছড়িয়ে পড়বে

et alors le renversement violent de la bourgeoisie jette les bases de l'emprise du prolétariat

এবং তারপর বুর্জোয়াদের সহিংস উৎখাত সর্বহারা শ্রেণীর আধিপত্যের ভিত্তি স্থাপন করে

Jusqu'à présent, toute forme de société a été fondée, comme nous l'avons déjà vu, sur l'antagonisme des classes oppressives et opprimées

এ পর্যন্ত সমাজের প্রতিটি রূপই নিপীড়িত ও নিপীড়িত শ্রেণীসমূহের বিরোধিতার উপর ভিত্তি করে গড়ে উঠেছে, যেমনটি আমরা ইতিমধ্যেই দেখেছি

Mais pour opprimer une classe, il faut lui assurer certaines conditions

কিন্তু কোনো শ্রেণিকে দমন করতে হলে তাকে কিছু শর্ত নিশ্চিত করতে হবে

La classe doit être maintenue dans des conditions dans lesquelles elle peut, au moins, continuer son existence servile

শ্রেণীকে এমন পরিস্থিতিতে রাখতে হবে যাতে সে অন্ততঃ তার দাসত্বের অস্তিত্ব অব্যাহত রাখতে পারে

Le serf, à l'époque du servage, s'élevait lui-même au rang d'adhérent à la commune

ভূমিদাসত্বের সময়কালে ভূমিদাস নিজেকে কমিউনের সদস্যপদে উন্নীত করেছিলেন

de même que la petite bourgeoisie, sous le joug de l'absolutisme féodal, a réussi à se développer en bourgeoisie

ঠিক যেমন পেটি বুর্জোয়ারা সামন্ততান্ত্রিক নিরঙ্কুশতার জোয়ালে বুর্জোয়ায় পরিণত হতে পেরেছিল

L'ouvrier moderne, au contraire, au lieu de s'élever avec les progrès de l'industrie, s'enfonce de plus en plus profondément

পক্ষান্তরে আধুনিক শ্রমিক শিল্পের অগ্রগতির সঙ্গে উত্থানের পরিবর্তে গভীর থেকে গভীরতর নিমজ্জিত হয়

il s'enfonce au-dessous des conditions d'existence de sa propre classe

সে তার নিজের শ্রেণীর অস্তিত্বের শর্তের নীচে ডুবে যায়

Il devient pauvre, et le paupérisme se développe plus rapidement que la population et la richesse

সে নিঃস্ব হয়ে যায় এবং জনসংখ্যা ও সম্পদের চেয়ে দারিদ্র্যের বিকাশ ঘটে

Et c'est là qu'il devient évident que la bourgeoisie n'est plus apte à être la classe dominante dans la société

এবং এখানেই এটা স্পষ্ট হয়ে ওঠে যে, বুর্জোয়ারা আর সমাজের শাসক শ্রেণী হওয়ার অযোগ্য

et elle n'est pas digne d'imposer ses conditions d'existence à la société comme une loi prépondérante

এবং তার অস্তিত্বের শর্তগুলি সমাজের উপর একটি অশ্বারোহী আইন হিসাবে চাপিয়ে দেওয়া অনুপযুক্ত

Il est inapte à gouverner parce qu'il est incompétent pour assurer une existence à son esclave dans son esclavage

এটি শাসন করার অযোগ্য কারণ এটি তার দাসত্বের মধ্যে তার দাসকে অস্তিত্বের নিশ্চয়তা দিতে অক্ষম

parce qu'il ne peut s'empêcher de le laisser sombrer dans un tel état, qu'il doit le nourrir, au lieu d'être nourri par lui

কেননা তাহাকে এমন অবস্থায় ডুবিয়া যাইতে দেওয়া যায় না, তাহাকে খাওয়াইবার পরিবর্তে তাহাকে খাওয়াইতে হয়

La société ne peut plus vivre sous cette bourgeoisie

এই বুর্জোয়াদের অধীনে সমাজ আর থাকতে পারে না

En d'autres termes, son existence n'est plus compatible avec la société

অন্য কথায়, এর অস্তিত্ব আর সমাজের সাথে সামঞ্জস্যপূর্ণ নয়

La condition essentielle de l'existence et de l'influence de la classe bourgeoise est la formation et l'accroissement du capital

বুর্জোয়া শ্রেণীর অস্তিত্ব ও আধিপত্যের জন্য অপরিহার্য শর্ত হচ্ছে পুঁজির গঠন ও বৃদ্ধি

La condition du capital, c'est le salariat-travail

পুঁজির শর্ত মজুরি-শ্রম

Le travail salarié repose exclusivement sur la concurrence entre les travailleurs

মজুরি-শ্রম একচেটিয়াভাবে শ্রমিকদের মধ্যে প্রতিযোগিতার উপর নির্ভরশীল

Le progrès de l'industrie, dont le promoteur involontaire est la bourgeoisie, remplace l'isolement des ouvriers

শিল্পের অগ্রগতি, যার অনিচ্ছাকৃত প্রবর্তক বুর্জোয়া, শ্রমিকদের বিচ্ছিন্নতাকে প্রতিস্থাপন করে

en raison de la concurrence, en raison de leur combinaison révolutionnaire, en raison de l'association

প্রতিযোগিতার কারণে, তাদের বৈপ্লবিক সমন্বয়ের কারণে, সমিতির কারণে

Le développement de l'industrie moderne lui coupe sous les pieds les fondements mêmes sur lesquels la bourgeoisie produit et s'approprie les produits

আধুনিক শিল্পের বিকাশ তার পায়ের তলা থেকে সেই ভিত্তি কেটে দেয় যার উপর বুর্জোয়ারা পণ্য উৎপাদন করে এবং প্রয়োগ করে

Ce que la bourgeoisie produit avant tout, ce sont ses propres fossoyeurs

বুর্জোয়ারা যা উৎপাদন করে, সর্বোপরি তা হলো তার নিজস্ব কবর খননকারী

La chute de la bourgeoisie et la victoire du prolétariat sont également inévitables

বুর্জোয়াদের পতন এবং সর্বহারা শ্রেণীর বিজয় সমানভাবে অনিবার্য

Prolétaires et communistes
সর্বহারা ও কমিউনিস্ট

Quel est le rapport des communistes vis-à-vis de l'ensemble des prolétaires ?

সামগ্রিকভাবে প্রলেতারিয়েতদের সাথে কমিউনিস্টদের কী সম্পর্ক?

Les communistes ne forment pas un parti séparé opposé aux autres partis de la classe ouvrière

কমিউনিস্টরা অন্যান্য শ্রমিক শ্রেণীর পার্টির বিরোধিতা করে আলাদা পার্টি গঠন করে না

Ils n'ont pas d'intérêts séparés de ceux du prolétariat dans son ensemble

সামগ্রিকভাবে প্রলেতারিয়েতের স্বার্থ থেকে তাদের আলাদা ও বিচ্ছিন্ন কোনো স্বার্থ নেই

Ils n'établissent pas de principes sectaires qui leur soient propres pour façonner et modeler le mouvement prolétarien

তারা তাদের নিজস্ব কোন সাম্প্রদায়িক নীতি প্রতিষ্ঠা করে না, যার দ্বারা সর্বহারা আন্দোলনকে রূপদান ও ঢেলে সাজানো যায়

Les communistes ne se distinguent des autres partis ouvriers que par deux choses

শ্রমিক শ্রেণির অন্যান্য পার্টি থেকে কমিউনিস্টদের তফাতটা মাত্র দুটো জিনিসের জন্য

Premièrement, ils signalent et mettent en avant les intérêts communs de l'ensemble du prolétariat, indépendamment de toute nationalité

প্রথমত, তারা জাতি-নির্বিশেষে সারা প্রলেতারিয়েতের সাধারণ স্বার্থের দিকে দৃষ্টি আকর্ষণ করে এবং সামনে টেনে আনে

C'est ce qu'ils font dans les luttes nationales des prolétaires des différents pays

বিভিন্ন দেশের মজুরদের জাতীয় সংগ্রামে তারা এটা করে থাকে

Deuxièmement, ils représentent toujours et partout les intérêts du mouvement dans son ensemble

দ্বিতীয়ত, তারা সর্বদা এবং সর্বত্র সমগ্র আন্দোলনের স্বার্থের প্রতিনিধিত্ব করে

c'est ce qu'ils font dans les différents stades de développement par lesquels doit passer la lutte de la classe ouvrière contre la bourgeoisie

এটা তারা করে থাকে বিকাশের বিভিন্ন পর্যায়ে, যার মধ্য দিয়ে বুর্জোয়াদের বিরুদ্ধে শ্রমিক শ্রেণীর সংগ্রামকে অতিক্রম করতে হয়

Les communistes sont donc, d'une part, pratiquement, la section la plus avancée et la plus résolue des partis ouvriers de tous les pays

সুতরাং কমিউনিস্টরা একদিকে, কার্যতঃ প্রত্যেক দেশের শ্রমিক শ্রেণীর পার্টিগুলির সবচেয়ে অগ্রসর ও দৃঢ়প্রতিজ্ঞ অংশ

Ils sont cette section de la classe ouvrière qui pousse en avant toutes les autres

তারা শ্রমিক শ্রেণীর সেই অংশ যা অন্য সকলকে এগিয়ে নিয়ে যায়

Théoriquement, ils ont aussi l'avantage de bien comprendre la ligne de marche

তাত্ত্বিকভাবে, তাদের মার্চের লাইনটি পরিষ্কারভাবে বোঝার সুবিধাও রয়েছে

C'est ce qu'ils comprennent mieux par rapport à la grande masse du prolétariat

এটা তারা প্রলেতারিয়েতের বিশাল জনগোষ্ঠীর তুলনায় ভালো বোঝে

Ils comprennent les conditions et les résultats généraux ultimes du mouvement prolétarien

তারা সর্বহারা আন্দোলনের শর্ত এবং চূড়ান্ত সাধারণ ফলাফল বোঝে

Le but immédiat du Parti communiste est le même que celui de tous les autres partis prolétariens

কমিউনিস্টের আশু লক্ষ্য হচ্ছে অন্যান্য সকল সর্বহারা পার্টির মতো একই

Leur but est la formation du prolétariat en classe

তাদের লক্ষ্য প্রলেতারিয়েতকে একটি শ্রেণীতে পরিণত করা

ils visent à renverser la suprématie de la bourgeoisie

তাদের লক্ষ্য বুর্জোয়া আধিপত্য উৎখাত করা

la conquête du pouvoir politique par le prolétariat

সর্বহারা শ্রেণী কর্তৃক রাজনৈতিক ক্ষমতা দখলের সংগ্রাম

Les conclusions théoriques des communistes ne sont nullement basées sur des idées ou des principes de réformateurs

কমিউনিস্টদের তাত্ত্বিক সিদ্ধান্তগুলি কোনওভাবেই সংস্কারকদের ধারণা বা নীতির উপর ভিত্তি করে নয়

ce ne sont pas des prétendus réformateurs universels qui ont inventé ou découvert les conclusions théoriques des communistes

কমিউনিস্টদের তাত্ত্বিক সিদ্ধান্তগুলি আবিষ্কার বা আবিষ্কার করা সর্বজনীন সংস্কারকরা ছিলেন না

Ils ne font qu'exprimer, en termes généraux, des rapports réels qui naissent d'une lutte de classe existante

তারা কেবল প্রকাশ করে, সাধারণ ভাষায়, বিদ্যমান শ্রেণী সংগ্রাম থেকে উদ্ভূত প্রকৃত সম্পর্ক

Et ils décrivent le mouvement historique qui se déroule sous nos yeux et qui a créé cette lutte des classes

এবং তারা আমাদের চোখের আড়ালে চলমান ঐতিহাসিক আন্দোলনের বর্ণনা দেয় যা এই শ্রেণী সংগ্রামের সৃষ্টি করেছে

L'abolition des rapports de propriété existants n'est pas du tout un trait distinctif du communisme

বিদ্যমান সম্পত্তি সম্পর্কের বিলুপ্তি মোটেই কমিউনিজমের একটি স্বতন্ত্র বৈশিষ্ট্য নয়

Dans le passé, toutes les relations de propriété ont été continuellement sujettes à des changements historiques

অতীতে সমস্ত সম্পত্তি সম্পর্ক ক্রমাগত ঐতিহাসিক পরিবর্তন সাপেক্ষে হয়েছে

et ces changements ont été consécutifs au changement des conditions historiques

এবং এই পরিবর্তনগুলি ঐতিহাসিক অবস্থার পরিবর্তনের ফলস্বরূপ ছিল

La Révolution française, par exemple, a aboli la propriété féodale au profit de la propriété bourgeoise

উদাহরণস্বরূপ, ফরাসি বিপ্লব বুর্জোয়া সম্পত্তির পক্ষে সামন্ততান্ত্রিক সম্পত্তি বিলুপ্ত করেছিল

Le trait distinctif du communisme n'est pas l'abolition de la propriété, en général

কমিউনিজমের স্বতন্ত্র বৈশিষ্ট্য সাধারণত সম্পত্তির বিলুপ্তি নয়

mais le trait distinctif du communisme, c'est l'abolition de la propriété bourgeoise

কিন্তু কমিউনিজমের স্বতন্ত্র বৈশিষ্ট্য হল বুর্জোয়া সম্পত্তির উচ্ছেদ

Mais la propriété privée de la bourgeoisie moderne est l'expression ultime et la plus complète du système de production et d'appropriation des produits

কিন্তু আধুনিক বুর্জোয়া ব্যক্তিগত মালিকানা হচ্ছে পণ্য উৎপাদন ও দখল পদ্ধতির চূড়ান্ত ও সর্বাপেক্ষা পূর্ণাঙ্গ অভিব্যক্তি

C'est l'état final d'un système basé sur les antagonismes de classe, où l'antagonisme de classe est l'exploitation du plus grand nombre par quelques-uns

এটা হচ্ছে শ্রেণী বিরোধের উপর ভিত্তি করে গড়ে ওঠা ব্যবস্থার চূড়ান্ত অবস্থা, যেখানে শ্রেণী বিরোধিতা হচ্ছে গুটিকয়েক দ্বারা বহুকে শোষণ করা

En ce sens, la théorie des communistes peut se résumer en une seule phrase ; l'abolition de la propriété privée

এই অর্থে, কমিউনিস্টদের তত্ত্বকে একটি মাত্র বাক্যে সারসংক্ষেপ করা যেতে পারে; ব্যক্তিগত সম্পত্তির বিলুপ্তি

On nous a reproché, à nous communistes, de vouloir abolir le droit d'acquérir personnellement des biens

আমরা কমিউনিস্টরা ব্যক্তিগত সম্পত্তি অর্জনের অধিকার বিলুপ্ত করার আকাঙ্ক্ষায় তিরস্কৃত হয়েছি

On prétend que cette propriété est le fruit du travail de l'homme

দাবি করা হয়, এই সম্পত্তি মানুষের নিজের শ্রমের ফসল

et cette propriété est censée être le fondement de toute liberté, de toute activité et de toute indépendance individuelles.

এবং এই সম্পত্তি সমস্ত ব্যক্তিগত স্বাধীনতা, কার্যকলাপ এবং স্বাধীনতার ভিত্তি বলে অভিযোগ করা হয়।

« Propriété durement gagnée, auto-acquise, auto-gagnée ! »

"কষ্টার্জিত, স্ব-অর্জিত, স্ব-অর্জিত সম্পত্তি!"

Voulez-vous dire la propriété du petit artisan et du petit paysan ?

আপনি কি ক্ষুদ্র কারিগর এবং ক্ষুদ্র কৃষকের সম্পত্তি বোঝাচ্ছেন?

Voulez-vous parler d'une forme de propriété qui a précédé la forme bourgeoise ?

আপনি কি বুর্জোয়া রূপের পূর্ববর্তী সম্পত্তির একটি রূপ বোঝাতে চাইছেন?

Il n'est pas nécessaire de l'abolir, le développement de l'industrie l'a déjà détruit dans une large mesure

এটা বিলুপ্ত করার দরকার নেই, শিল্পের বিকাশ ইতিমধ্যেই অনেকাংশে ধ্বংস করে দিয়েছে

et le développement de l'industrie continue de la détruire chaque jour

আর শিল্পের বিকাশ এখনও প্রতিদিন তা ধ্বংস করছে

Ou voulez-vous parler de la propriété privée de la bourgeoisie moderne ?

নাকি আধুনিক বুর্জোয়াদের ব্যক্তিগত সম্পত্তির কথা বলছেন?

Mais le travail salarié crée-t-il une propriété pour l'ouvrier ?

কিন্তু মজুরি-শ্রম কি শ্রমিকের জন্য কোনো মালিকানা সৃষ্টি করে?

Non, le travail salarié ne crée pas une parcelle de ce genre de propriété !

না, মজুরি শ্রম এই ধরনের সম্পত্তির এক বিন্দুও সৃষ্টি করে না!

Ce que le travail salarié crée, c'est du capital ; ce genre de propriété qui exploite le travail salarié

মজুরি শ্রম যা তৈরি করে তা হ'ল মূলধন; সেই ধরনের সম্পত্তি যা মজুরি-শ্রমকে শোষণ করে

Le capital ne peut s'accroître qu'à la condition d'engendrer une nouvelle offre de travail salarié pour une nouvelle exploitation

নতুন শোষণের জন্য মজুরি-শ্রমের নতুন যোগানের জন্ম না দিলে পুঁজি বাড়তে পারে না

La propriété, dans sa forme actuelle, est fondée sur l'antagonisme du capital et du salariat

সম্পত্তি, তার বর্তমান রূপে, পুঁজি এবং মজুরি-শ্রমের বিরোধিতার উপর ভিত্তি করে

Examinons les deux côtés de cet antagonisme

আসুন আমরা এই বিরোধিতার উভয় দিকই পরীক্ষা করি

Être capitaliste, ce n'est pas seulement avoir un statut purement personnel

পুঁজিবাদী হওয়া মানে শুধু ব্যক্তিগত মর্যাদা থাকা নয়

Au contraire, être capitaliste, c'est aussi avoir un statut social dans la production

বরং পুঁজিবাদী হওয়া মানে উৎপাদনেও সামাজিক মর্যাদা থাকতে হবে

parce que le capital est un produit collectif ; Ce n'est que par l'action unie de nombreux membres qu'elle peut être mise en branle

কারণ পুঁজি একটি সমষ্টিগত পণ্য; কেবল অনেক সদস্যের ঐক্যবদ্ধ পদক্ষেপের মাধ্যমেই এটি গতিশীল হতে পারে

Mais cette action unie n'est qu'un dernier recours, et nécessite en fait tous les membres de la société

কিন্তু এই ঐক্যবদ্ধ পদক্ষেপ একটি শেষ অবলম্বন, এবং প্রকৃতপক্ষে সমাজের সকল সদস্যের প্রয়োজন

Le capital est converti en propriété de tous les membres de la société

পুঁজি সমাজের সকল সদস্যের সম্পত্তিতে রূপান্তরিত হয়

mais le Capital n'est donc pas une puissance personnelle ; c'est un pouvoir social

কিন্তু পুঁজি তাই ব্যক্তিগত শক্তি নয়; এটি একটি সামাজিক শক্তি

Ainsi, lorsque le capital est converti en propriété sociale, la propriété personnelle n'est pas pour autant transformée en propriété sociale

সুতরাং পুঁজি যখন সামাজিক সম্পত্তিতে রূপান্তরিত হয়, তখন ব্যক্তিগত সম্পত্তি এর দ্বারা সামাজিক সম্পত্তিতে রূপান্তরিত হয় না

Ce n'est que le caractère social de la propriété qui est modifié et qui perd son caractère de classe

কেবল সম্পত্তির সামাজিক চরিত্রই পরিবর্তিত হয়, এবং তার শ্রেণী-চরিত্র হারায়।

Regardons maintenant le travail salarié

এবার মজুরি-শ্রমের দিকে তাকানো যাক

Le prix moyen du salariat est le salaire minimum, c'est-à-dire le quantum des moyens de subsistance

মজুরি-শ্রমের গড় মূল্য হল ন্যূনতম মজুরি, অর্থাৎ, জীবিকা নির্বাহের উপায়ের পরিমাণ

Ce salaire est absolument nécessaire dans la simple existence d'un oúvrier

শ্রমিক হিসাবে খালি অস্তিত্বের জন্য এই মজুরি একান্ত প্রয়োজন

Ce que le salarié s'approprie par son travail ne suffit donc qu'à prolonger et à reproduire une existence nue

সুতরাং মজুরি-শ্রমিক তার শ্রমের দ্বারা যা ব্যবহার করে, তা কেবল একটি নগ্ন অস্তিত্বকে দীর্ঘায়িত ও পুনরুৎপাদন করার জন্য যথেষ্ট

Nous n'avons nullement l'intention d'abolir cette appropriation personnelle des produits du travail

আমরা কোনোভাবেই শ্রমজাত দ্রব্যের এই ব্যক্তিগত দখলকে বিলুপ্ত করতে চাই না

une appropriation qui est faite pour le maintien et la reproduction de la vie humaine

একটি বরাদ্দ যা মানব জীবনের রক্ষণাবেক্ষণ এবং প্রজননের জন্য তৈরি করা হয়

Une telle appropriation personnelle des produits du travail ne laisse pas de surplus pour commander le travail d'autrui

শ্রমের উৎপাদিত দ্রব্যের এইরূপ ব্যক্তিগত দখল অপরের শ্রমকে আদেশ করিবার জন্য কোন উদ্বৃত্ত অবশিষ্ট রাখে না

Tout ce que nous voulons supprimer, c'est le caractère misérable de cette appropriation

আমরা যা দূর করতে চাই, তা হল এই দখলদারিত্বের করুণ চরিত্র

l'appropriation dont vit l'ouvrier dans le seul but d'augmenter son capital

যে দখলের অধীনে শ্রমিক কেবল মূলধন বাড়ানোর জন্য জীবনযাপন করে

Il n'est autorisé à vivre que dans la mesure où l'intérêt de la classe dominante l'exige

শাসক শ্রেণীর স্বার্থ যতটুকু প্রয়োজন ততটুকুই তাকে বাঁচতে দেয়া হয়

Dans la société bourgeoise, le travail vivant n'est qu'un moyen d'augmenter le travail accumulé

বুর্জোয়া সমাজে জীবিত শ্রম পুঞ্জীভূত শ্রম বৃদ্ধির একটি উপায় মাত্র।

Dans la société communiste, le travail accumulé n'est qu'un moyen d'élargir, d'enrichir, de promouvoir l'existence de l'ouvrier

কমিউনিস্ট সমাজে পুঞ্জীভূত শ্রম শ্রমিকের অস্তিত্বকে প্রশস্ত করার, সমৃদ্ধ করার, উন্নীত করার উপায় মাত্র

C'est pourquoi, dans la société bourgeoise, le passé domine le présent

বুর্জোয়া সমাজে তাই অতীত বর্তমানকে প্রাধান্য দেয়

dans la société communiste, le présent domine le passé

কমিউনিস্ট সমাজে অতীতে বর্তমানকে প্রাধান্য দেয়

Dans la société bourgeoise, le capital est indépendant et a une individualité

বুর্জোয়া সমাজে পুঁজি স্বাধীন এবং তার স্বকীয়তা আছে

Dans la société bourgeoise, la personne vivante est dépendante et n'a pas d'individualité

বুর্জোয়া সমাজে জীবিত ব্যক্তি পরনির্ভরশীল, তার কোনো স্বকীয়তা নেই

Et l'abolition de cet état de choses est appelée par la bourgeoisie l'abolition de l'individualité et de la liberté !

আর এই অবস্থার উচ্ছেদকেই বুর্জোয়ারা বলে, ব্যক্তিস্বাতন্ত্র্য ও স্বাধীনতার উচ্ছেদ!

Et c'est à juste titre qu'on l'appelle l'abolition de l'individualité et de la liberté !

আর এটাকে যথার্থই বলা হয় ব্যক্তিস্বাতন্ত্র্য ও স্বাধীনতার বিলোপ!

Le communisme vise à l'abolition de l'individualité bourgeoise

কমিউনিজমের লক্ষ্য বুর্জোয়া ব্যক্তিস্বাতন্ত্র্যের বিলোপ

Le communisme veut l'abolition de l'indépendance de la bourgeoisie

কমিউনিজম বুর্জোয়া স্বাধীনতার বিলোপ চায়

La liberté de la bourgeoisie est sans aucun doute ce que vise le communisme

বুর্জোয়া স্বাধীনতাই নিঃসন্দেহে কমিউনিজমের লক্ষ্য

dans les conditions actuelles de production de la bourgeoisie, la liberté signifie le libre-échange, la liberté de vendre et d'acheter

উৎপাদনের বর্তমান বুর্জোয়া অবস্থার অধীনে স্বাধীনতা মানে অবাধ বাণিজ্য, অবাধ ক্রয়-বিক্রয়

Mais si la vente et l'achat disparaissent, la vente et l'achat gratuits disparaissent également

কিন্তু বেচা-কেনা উধাও হয়ে গেলে বিনামূল্যে কেনা-বেচাও উধাও হয়ে যায়

Les « paroles courageuses » de la bourgeoisie sur la vente et l'achat libres n'ont qu'un sens limité

অবাধ ক্রয়-বিক্রয় সম্পর্কে বুর্জোয়াদের "সাহসী কথা" কেবল সীমিত অর্থে অর্থ বহন করে

Ces mots n'ont de sens que par opposition à la vente et à l'achat restreints

এই শব্দগুলির কেবল সীমাবদ্ধ বিক্রয় এবং ক্রয়ের বিপরীতে অর্থ রয়েছে

et ces mots n'ont de sens que lorsqu'ils s'appliquent aux marchands enchaînés du moyen âge

এবং এই শব্দগুলির অর্থ কেবল তখনই হয় যখন মধ্যযুগের বন্ধন ব্যবসায়ীদের ক্ষেত্রে প্রয়োগ করা হয়

et cela suppose que ces mots aient même un sens dans un sens bourgeois

এবং এটি ধরে নেয় যে এই শব্দগুলির এমনকি বুর্জোয়া অর্থে অর্থ রয়েছে

mais ces mots n'ont aucun sens lorsqu'ils sont utilisés pour s'opposer à l'abolition communiste de l'achat et de la vente

কিন্তু এই শব্দগুলির কোনও অর্থ নেই যখন তারা ক্রয় এবং বিক্রয়ের কমিউনিস্ট বিলোপের বিরোধিতা করার জন্য ব্যবহৃত হচ্ছে

les mots n'ont pas de sens lorsqu'ils sont utilisés pour s'opposer à l'abolition des conditions de production de la bourgeoisie

বুর্জোয়া উৎপাদন শর্ত বিলুপ্ত করার বিরোধিতা করার জন্য যখন শব্দগুলি ব্যবহার করা হচ্ছে তখন তাদের কোনও অর্থ নেই

et ils n'ont aucun sens lorsqu'ils sont utilisés pour s'opposer à l'abolition de la bourgeoisie elle-même

এবং বুর্জোয়াদের বিলুপ্তির বিরোধিতা করার জন্য যখন তাদের ব্যবহার করা হচ্ছে তখন তাদের কোনও অর্থ নেই

Vous êtes horrifiés par notre intention d'en finir avec la propriété privée

আমাদের ব্যক্তিগত সম্পত্তি উচ্ছেদ করার অভিপ্রায় দেখে আপনি আতঙ্কিত

Mais dans votre société actuelle, la propriété privée est déjà abolie pour les neuf dixièmes de la population

কিন্তু আপনার বিদ্যমান সমাজে ইতিমধ্যেই জনসংখ্যার নয়-দশমাংশের জন্য ব্যক্তিগত সম্পত্তি বিলুপ্ত হয়ে গেছে

L'existence d'une propriété privée pour quelques-uns est uniquement due à sa non-existence entre les mains des neuf dixièmes de la population

মুষ্টিমেয় লোকের কাছে ব্যক্তিগত সম্পত্তির অস্তিত্ব একমাত্র জনসংখ্যার নয়-দশমাংশের হাতে তার অস্তিত্বহীনতার কারণে

Vous nous reprochez donc d'avoir l'intention de supprimer une forme de propriété

অতএব তোমরা আমাদিগকে ভর্ৎসনা করিতেছ যে, সম্পত্তি বিলুপ্ত করিবার অভিপ্রায়ে

Mais la propriété privée nécessite l'inexistence de toute propriété pour l'immense majorité de la société

কিন্তু ব্যক্তিগত সম্পত্তি সমাজের বিপুল সংখ্যাগরিষ্ঠের জন্য কোনও সম্পত্তির অস্তিত্বহীনতার প্রয়োজন হয়

En un mot, vous nous reprochez d'avoir l'intention de vous débarrasser de vos biens

এক কথায়, আপনি আপনার সম্পত্তি ধ্বংস করার উদ্দেশ্যে আমাদের তিরস্কার করছেন

Et c'est précisément le cas ; se débarrasser de votre propriété est exactement ce que nous avons l'intention de faire

এবং এটা ঠিক তাই; আপনার সম্পত্তি বিলুপ্ত করা আমাদের উদ্দেশ্য

À partir du moment où le travail ne peut plus être converti en capital, en argent ou en rente

সেই মুহূর্ত থেকে যখন শ্রমকে আর পুঁজি, অর্থ বা খাজনায় রূপান্তর করা যায় না

quand le travail ne peut plus être converti en un pouvoir social monopolisé

যখন শ্রমকে আর একচেটিয়া মালিকানায় সক্ষম সামাজিক শক্তিতে রূপান্তরিত করা যাবে না

à partir du moment où la propriété individuelle ne peut plus être transformée en propriété bourgeoise

সেই মুহূর্ত থেকে যখন ব্যক্তিগত সম্পত্তি আর বুর্জোয়া সম্পত্তিতে রূপান্তরিত হতে পারে না

à partir du moment où la propriété individuelle ne peut plus être transformée en capital

সেই মুহূর্ত থেকে যখন ব্যক্তিগত সম্পত্তি আর মূলধনে রূপান্তরিত হতে পারে না

À partir de ce moment-là, vous dites que l'individualité
s'évanouit

সেই মুহূর্ত থেকে আপনি বলছেন ব্যক্তিস্বাতন্ত্র্য বিলুপ্ত হয়ে যায়

Vous devez donc avouer que par « individu » vous
n'entendez personne d'autre que la bourgeoisie

সুতরাং আপনাকে স্বীকার করতেই হবে যে 'ব্যক্তি' বলতে বুর্জোয়া
ছাড়া অন্য লোক বোঝায় না

Vous devez avouer qu'il s'agit spécifiquement du
propriétaire de la classe moyenne

আপনাকে অবশ্যই স্বীকার করতে হবে যে এটি বিশেষভাবে সম্পত্তির
মধ্যবিত্ত মালিককে বোঝায়

Cette personne doit, en effet, être balayée et rendue
impossible

এই ব্যক্তিকে অবশ্যই পথ থেকে সরিয়ে দিতে হবে এবং অসম্ভব করে
তুলতে হবে

Le communisme ne prive personne du pouvoir de
s'approprier les produits de la société

কমিউনিজম কোনো মানুষকে সমাজের উৎপাদিত পণ্যকে
আত্মসাৎ করার ক্ষমতা থেকে বঞ্চিত করে না

tout ce que fait le communisme, c'est de le priver du pouvoir
de subjuguer le travail d'autrui au moyen d'une telle
appropriation

কমিউনিজম যা করে তা হল তাকে এই ধরনের দখলের মাধ্যমে
অন্যের শ্রমকে বশীভূত করার ক্ষমতা থেকে বঞ্চিত করা

On a objecté qu'avec l'abolition de la propriété privée, tout
travail cesserait

আপত্তি করা হয়েছে যে ব্যক্তিগত সম্পত্তির উচ্ছেদ হলে সমস্ত কাজ
বন্ধ হয়ে যাবে

et il est alors suggéré que la paresse universelle nous
rattrapera

এবং তখন পরামর্শ দেওয়া হয় যে সর্বজনীন আলস্য আমাদের
অভিভূত করবে

D'après cela, il y a longtemps que la société bourgeoise
aurait dû aller aux chiens par pure oisiveté

এই মতে, বুর্জোয়া সমাজের অনেক আগেই নিছক অলসতার
মাধ্যমে কুকুরের কাছে যাওয়া উচিত ছিল

parce que ceux de ses membres qui travaillent, n'acquièrent rien
কারণ এর সদস্যদের মধ্যে যারা কাজ করে, তারা কিছুই অর্জন করে না
et ceux de ses membres qui acquièrent quoi que ce soit, ne travaillent pas
আর তার সদস্যদের মধ্যে যারা কিছু অর্জন করে, তারা কাজ করে না
L'ensemble de cette objection n'est qu'une autre expression de la tautologie
এই আপত্তির পুরোটাই টাউটোলজির আরেকটা প্রকাশ মাত্র
Il ne peut plus y avoir de travail salarié quand il n'y a plus de capital
পুঁজি না থাকলে মজুরি-শ্রম আর থাকতে পারে না
Il n'y a pas de différence entre les produits matériels et les produits mentaux
উপাদান পণ্য এবং মানসিক পণ্য মধ্যে কোন পার্থক্য নেই
Le communisme propose que les deux soient produits de la même manière
কমিউনিজম প্রস্তাব এই উভয় একই ভাবে উত্পাদিত হয়
mais les objections contre les modes communistes de production sont les mêmes
কিন্তু এগুলো উৎপাদনের কমিউনিস্ট পদ্ধতির বিরুদ্ধে আপত্তি একই
pour la bourgeoisie, la disparition de la propriété de classe est la disparition de la production elle-même
বুর্জোয়াদের কাছে শ্রেণী সম্পত্তির লোপ মানে উৎপাদনের অন্তর্ধান
Ainsi, la disparition de la culture de classe est pour lui identique à la disparition de toute culture
সুতরাং শ্রেণী সংস্কৃতির বিলুপ্তি তার কাছে সকল সংস্কৃতির বিলুপ্তির সমতুল্য
Cette culture, dont il déplore la perte, n'est pour l'immense majorité qu'un simple entraînement à agir comme une machine
সেই সংস্কৃতি, যার ক্ষতি নিয়ে তিনি দুঃখ প্রকাশ করেন, বিপুল সংখ্যাগরিষ্ঠের কাছে এটি একটি যন্ত্রের মতো কাজ করার নিছক প্রশিক্ষণ

Les communistes ont bien l'intention d'abolir la culture de
la propriété bourgeoise

কমিউনিস্টরা বুর্জোয়া সম্পত্তির সংস্কৃতি বিলুপ্ত করতে চায়

Mais ne vous querellez pas avec nous tant que vous
appliquez les normes de vos notions bourgeoises de liberté,
de culture, de droit, etc

কিন্তু আমাদের সাথে তর্ক করবেন না যতক্ষণ পর্যন্ত আপনি
স্বাধীনতা, সংস্কৃতি, আইন ইত্যাদি সম্পর্কে আপনার বুর্জোয়া ধারণার
মানদণ্ড প্রয়োগ করবেন না

Vos idées mêmes ne sont que le résultat des conditions de
votre production bourgeoise et de la propriété bourgeoise

আপনার ধারণাই আপনার বুর্জোয়া উৎপাদন ও বুর্জোয়া সম্পত্তির
অবস্থার বহিঃপ্রকাশ ছাড়া

de même que votre jurisprudence n'est que la volonté de
votre classe érigée en loi pour tous

ঠিক যেমন আপনার আইনশাস্ত্র আপনার শ্রেণীর ইচ্ছা সকলের জন্য
একটি আইনে পরিণত হয়েছে

Le caractère essentiel et l'orientation de cette volonté sont
déterminés par les conditions économiques créées par votre
classe sociale

এই ইচ্ছার অপরিহার্য চরিত্র এবং দিকটি আপনার সামাজিক শ্রেণি
তৈরি করা অর্থনৈতিক অবস্থার দ্বারা নির্ধারিত হয়

L'idée fausse égoïste qui vous pousse à transformer les
formes sociales en lois éternelles de la nature et de la raison

স্বার্থপর ভ্রান্ত ধারণা যা আপনাকে সামাজিক রূপকে প্রকৃতি ও যুক্তির
চিরন্তন নিয়মে রূপান্তরিত করতে প্ররোচিত করে

les formes sociales qui découlent de votre mode de
production et de votre forme de propriété actuels

আপনার বর্তমান উৎপাদন পদ্ধতি এবং সম্পত্তির রূপ থেকে উদ্ভূত
সামাজিক রূপগুলি

des rapports historiques qui naissent et disparaissent dans le
progrès de la production

ঐতিহাসিক সম্পর্ক যা উৎপাদনের অগ্রগতিতে উত্থান এবং অদৃশ্য
হয়ে যায়

cette idée fausse que vous partagez avec toutes les classes
dirigeantes qui vous ont précédés

এই ভুল ধারণাটি আপনি আপনার পূর্ববর্তী প্রতিটি শাসক শ্রেণীর সাথে ভাগ করে নেন

Ce que vous voyez clairement dans le cas de la propriété ancienne, ce que vous admettez dans le cas de la propriété féodale

প্রাচীন সম্পত্তির ক্ষেত্রে আপনি যা স্পষ্ট দেখতে পান, সামন্ততান্ত্রিক সম্পত্তির ক্ষেত্রে আপনি যা স্বীকার করেন

ces choses, il vous est bien entendu interdit de les admettre dans le cas de votre propre forme de propriété bourgeoise

আপনার নিজের বুর্জোয়া সম্পত্তির ক্ষেত্রে এই জিনিসগুলি অবশ্যই স্বীকার করতে নিষেধ করা হয়েছে

Abolition de la famille ! Même les plus radicaux s'enflamment devant cette infâme proposition des communistes

সংসার বিলুপ্তি! এমনকি কমিউনিস্টদের এই কুখ্যাত প্রস্তাবে সবচেয়ে মৌলবাদী জ্বলে ওঠে

Sur quelle base se fonde la famille actuelle, la famille bourgeoise ?

বর্তমান পরিবার, বুর্জোয়া পরিবার কোন্ ভিত্তির উপর প্রতিষ্ঠিত?

La fondation de la famille actuelle est basée sur le capital et le gain privé

বর্তমান পরিবারের ভিত্তি মূলধন এবং ব্যক্তিগত লাভের উপর ভিত্তি করে

Sous sa forme complètement développée, cette famille n'existe que dans la bourgeoisie

সম্পূর্ণ বিকশিত রূপে এই পরিবার কেবল বুর্জোয়াদের মধ্যেই টিকে আছে

Cet état de choses trouve son complément dans l'absence pratique de la famille chez les prolétaires

প্রলেতারিয়েতদের মধ্যে পরিবারের ব্যবহারিক অনুপস্থিতিতে এই অবস্থা তার পরিপূরক খুঁজে পায়

Cet état de choses se retrouve dans la prostitution publique

প্রকাশ্য পতিতাবৃত্তিতে এই অবস্থা দেখা যায়

La famille bourgeoise disparaîtra d'office quand son effectif disparaîtra

বুর্জোয়া পরিবার বিলুপ্ত হয়ে যাবে যখন তার পরিপূরক বিলুপ্ত হবে

et l'une et l'autre s'évanouiront avec la disparition du capital

আর এই দুটোই পুঁজির বিলুপ্তির সাথে সাথে বিলুপ্ত হয়ে যাবে

Nous accusez-vous de vouloir mettre fin à l'exploitation des enfants par leurs parents ?

পিতামাতার দ্বারা শিশুদের শোষণ বন্ধ করতে চাওয়ার জন্য আপনি কি আমাদের অভিযুক্ত করেন?

Nous plaidons coupables de ce crime

এই অপরাধের জন্য আমরা দোষী সাব্যস্ত

Mais, direz-vous, on détruit les relations les plus sacrées, quand on remplace l'éducation à domicile par l'éducation sociale

কিন্তু আপনারা বলবেন, আমরা সবচেয়ে পবিত্রতম সম্পর্ককে ধ্বংস করি যখন আমরা পারিবারিক শিক্ষাকে সামাজিক শিক্ষা দ্বারা প্রতিস্থাপিত করি

Votre éducation n'est-elle pas aussi sociale ? Et n'est-elle pas déterminée par les conditions sociales dans lesquelles vous éduquez ?

আপনার শিক্ষাও কি সামাজিক নয়? আর এটা কি সেই সামাজিক অবস্থার দ্বারা নির্ধারিত হয় না, যার অধীনে আপনি শিক্ষিত হন?

par l'intervention, directe ou indirecte, de la société, par le biais de l'école, etc.

সমাজের প্রত্যক্ষ বা পরোক্ষ হস্তক্ষেপের মাধ্যমে, বিদ্যালয় ইত্যাদির মাধ্যমে।

Les communistes n'ont pas inventé l'intervention de la société dans l'éducation

শিক্ষায় সমাজের হস্তক্ষেপ কমিউনিস্টরা আবিষ্কার করেনি

ils ne cherchent qu'à modifier le caractère de cette intervention

তারা কেবল সেই হস্তক্ষেপের চরিত্র পরিবর্তন করতে চায়

et ils cherchent à sauver l'éducation de l'influence de la classe dirigeante

এবং তারা শাসক শ্রেণীর প্রভাব থেকে শিক্ষাকে উদ্ধার করতে চায়

La bourgeoisie parle de la relation sacrée du parent et de l'enfant

বুর্জোয়ারা পিতা-মাতা ও সন্তানের পবিত্র সহাবস্থানের কথা বলে

mais ce baratin sur la famille et l'éducation devient d'autant plus répugnant quand on regarde l'industrie moderne

কিন্তু পরিবার ও শিক্ষা নিয়ে এই হাততালির ফাঁদ আরও ঘৃণ্য হয়ে ওঠে যখন আমরা আধুনিক শিল্পের দিকে তাকাই

Tous les liens familiaux entre les prolétaires sont déchirés par l'industrie moderne

প্রলেতারিয়েতদের মধ্যে সমস্ত পারিবারিক বন্ধন আধুনিক শিল্পের দ্বারা ছিন্নভিন্ন হয়ে গেছে

Leurs enfants sont transformés en simples objets de commerce et en instruments de travail

তাদের সন্তানরা সাধারণ বাণিজ্য ও শ্রমের উপকরণে রূপান্তরিত হয়

Mais vous, communistes, vous créeriez une communauté de femmes, crie en chœur toute la bourgeoisie

কিন্তু তোমরা কমিউনিস্টরা মেয়েদের একটা সমাজ তৈরি করবে, গোটা বুর্জোয়ারা কোরাস বলে চিৎকার করে উঠবে

La bourgeoisie ne voit en sa femme qu'un instrument de production

বুর্জোয়ারা তার স্ত্রীর মধ্যে উৎপাদনের নিছক হাতিয়ার দেখতে পায়

Il entend dire que les instruments de production doivent être exploités par tous

তিনি শুনেছেন, উৎপাদনের হাতিয়ারগুলো সকলকে কাজে লাগাতে হবে

et, naturellement, il ne peut arriver à aucune autre conclusion que celle d'être commun à tous retombera également sur les femmes

এবং, স্বাভাবিকভাবেই, তিনি অন্য কোনও সিদ্ধান্তে আসতে পারেন না যে সকলের কাছে সাধারণ হওয়ার ভাগ্য একইভাবে মহিলাদের উপর পড়বে

Il ne soupçonne même pas qu'il s'agit en fait d'en finir avec le statut de la femme en tant que simple instrument de production

নারীকে নিছক উৎপাদনের হাতিয়ার হিসেবে মর্যাদা বিলুপ্ত করাই যে আসল কথা সে বিষয়ে তার বিন্দুমাত্র সন্দেহ নেই

Du reste, rien n'est plus ridicule que l'indignation vertueuse de notre bourgeoisie contre la communauté des femmes

বাকিদের জন্য, নারী সমাজের উপর আমাদের বুর্জোয়াদের পুণ্যময় ক্রোধের চেয়ে হাস্যকর আর কিছু নেই

ils prétendent qu'elle doit être établie ouvertement et officiellement par les communistes

তারা ভান করে যে এটি কমিউনিস্টদের দ্বারা প্রকাশ্যে এবং আনুষ্ঠানিকভাবে প্রতিষ্ঠিত

Les communistes n'ont pas besoin d'introduire la communauté des femmes, elle existe depuis des temps immémoriaux

কমিউনিস্টদের নারী সমাজ চালু করার কোন প্রয়োজন নেই, এটা প্রায় অনাদিকাল থেকেই বিদ্যমান ছিল

Notre bourgeoisie ne se contente pas d'avoir à sa disposition les femmes et les filles de ses prolétaires

আমাদের বুর্জোয়ারা তাদের প্রলেতারিয়েতদের স্ত্রী ও কন্যাদের হাতে পেয়ে সন্তুষ্ট নয়

Ils prennent le plus grand plaisir à séduire les femmes de l'autre

তারা একে অপরের স্ত্রীদের প্রলুব্ধ করে সবচেয়ে বেশি আনন্দ পায়

Et cela ne parle même pas des prostituées ordinaires

আর সেটা সাধারণ পতিতাদের কথাও বলার অপেক্ষা রাখে না

Le mariage bourgeois est en réalité un système d'épouses en commun

বুর্জোয়া বিবাহ প্রকৃতপক্ষে স্ত্রীদের একটি সাধারণ ব্যবস্থা

puis il y a une chose qu'on pourrait peut-être reprocher aux communistes

তাহলে একটা জিনিস নিয়ে কমিউনিস্টদের তিরস্কার করা যেতে পারে

Ils souhaitent introduire une communauté de femmes ouvertement légalisée

তারা মহিলাদের একটি প্রকাশ্যে বৈধ সম্প্রদায় প্রবর্তন করতে চায়

plutôt qu'une communauté de femmes hypocritement dissimulée

বরং কপট লুকিয়ে থাকা নারীর সম্প্রদায়

la communauté des femmes issues du système de production

উৎপাদন ব্যবস্থা থেকে উদ্ভূত নারী সমাজ

Abolissez le système de production, et vous abolissez la communauté des femmes

উৎপাদন ব্যবস্থার বিলুপ্তি দাও, নারী সমাজকে উচ্ছেদ কর

La prostitution publique est abolie et la prostitution privée

উভয় পাবলিক পতিতাবৃত্তি বিলুপ্ত করা হয়, এবং ব্যক্তিগত পতিতাবৃত্তি

On reproche en outre aux communistes de vouloir abolir les pays et les nationalités

কমিউনিস্টরা দেশ ও জাতীয়তা বিলুপ্ত করার আকাঙ্ক্ষায় আরও বেশি তিরস্কৃত হয়

Les travailleurs n'ont pas de patrie, nous ne pouvons donc pas leur prendre ce qu'ils n'ont pas

শ্রমজীবী মানুষের কোনো দেশ নেই, তাই তারা যা পায়নি তা আমরা তাদের কাছ থেকে কেড়ে নিতে পারি না

Le prolétariat doit d'abord acquérir la suprématie politique

সর্বহারা শ্রেণীকে সর্বপ্রথম রাজনৈতিক আধিপত্য অর্জন করতে হবে

Le prolétariat doit s'élever pour être la classe dirigeante de la nation

সর্বহারা শ্রেণীকে জাতির নেতৃত্বদানকারী শ্রেণী হিসেবে গড়ে উঠতে হবে

Le prolétariat doit se constituer en nation

সর্বহারা শ্রেণীকে অবশ্যই জাতি গঠন করতে হবে

elle est, jusqu'à présent, elle-même nationale, mais pas dans le sens bourgeois du mot

বুর্জোয়া অর্থে না হলেও এটি এখন পর্যন্ত জাতীয়তাবাদী

Les différences nationales et les antagonismes entre les peuples s'estompent chaque jour davantage

মানুষে মানুষে মানুষে জাতীয় পার্থক্য ও বৈরিতা দিন দিন বিলুপ্ত হয়ে যাচ্ছে

grâce au développement de la bourgeoisie, à la liberté du commerce, au marché mondial

বুর্জোয়াদের বিকাশের কারণে, বাণিজ্যের স্বাধীনতার কারণে, বিশ্ববাজারের স্বাধীনতার কারণে

à l'uniformité du mode de production et des conditions de vie qui y correspondent

উৎপাদন পদ্ধতি এবং তার সাথে সংশ্লিষ্ট জীবনের অবস্থার মধ্যে অভিন্নতা

La suprématie du prolétariat les fera disparaître encore plus vite

প্রলেতারিয়েতের আধিপত্য তাদের আরও দ্রুত বিলুপ্ত করে তুলবে

L'action unie, du moins dans les principaux pays civilisés, est une des premières conditions de l'émancipation du prolétariat

অন্ততঃ নেতৃস্থানীয় সভ্য দেশগুলির ঐক্যবদ্ধ পদক্ষেপ সর্বহারা শ্রেণীর মুক্তির প্রথম শর্তগুলির মধ্যে একটি

Dans la mesure où l'exploitation d'un individu par un autre prendra fin, l'exploitation d'une nation par une autre prendra également fin à

ব্যক্তির উপর ব্যক্তির শোষণ যে অনুপাতে শেষ করা হবে, এক জাতির উপর অন্য জাতির শোষণও সেই অনুপাতে শেষ করা হবে

À mesure que l'antagonisme entre les classes à l'intérieur de la nation disparaîtra, l'hostilité d'une nation envers une autre prendra fin

জাতির অভ্যন্তরে শ্রেণীসমূহের মধ্যকার বৈরিতা যে অনুপাতে বিলুপ্ত হবে, এক জাতির সাথে অন্য জাতির বৈরিতার অবসান ঘটবে

Les accusations portées contre le communisme d'un point de vue religieux, philosophique et, en général, idéologique, ne méritent pas d'être examinées sérieusement

ধর্মীয়, দার্শনিক এবং সাধারণভাবে মতাদর্শগত দৃষ্টিকোণ থেকে কমিউনিজমের বিরুদ্ধে যে অভিযোগ আনা হয়েছে, তা গুরুতর পরীক্ষার দাবি রাখে না

Faut-il une intuition profonde pour comprendre que les idées, les vues et les conceptions de l'homme changent à chaque changement dans les conditions de son existence matérielle ?

বস্তুগত অস্তিত্বের প্রতিটি পরিবর্তনের সাথে সাথে মানুষের চিন্তাধারা, দৃষ্টিভঙ্গি ও ধ্যান-ধারণা যে পরিবর্তিত হয়, তা বোঝার জন্য কি গভীর অন্তর্দৃষ্টির প্রয়োজন আছে?

N'est-il pas évident que la conscience de l'homme change lorsque ses relations sociales et sa vie sociale changent ?

এটা কি স্পষ্ট নয় যে, মানুষের চেতনার পরিবর্তন ঘটে যখন তার সামাজিক সম্পর্ক ও সামাজিক জীবন পরিবর্তিত হয়?

Qu'est-ce que l'histoire des idées prouve d'autre, sinon que la production intellectuelle change de caractère à mesure que la production matérielle se modifie ?

বস্তুগত উৎপাদনের পরিবর্তনের সাথে সাথে বুদ্ধিবৃত্তিক উৎপাদন যে অনুপাতে তার চরিত্র পরিবর্তন করে, এ ছাড়া ধারণার ইতিহাস আর কী প্রমাণ করে?

Les idées dominantes de chaque époque ont toujours été les idées de sa classe dirigeante

প্রত্যেক যুগের শাসক শ্রেণীর ধারণা চিরকালই তার শাসক শ্রেণীর ধারণা ছিল

Quand on parle d'idées qui révolutionnent la société, on n'exprime qu'un seul fait

মানুষ যখন এমন ধারণার কথা বলে যা সমাজে বিপ্লব ঘটায়, তখন তারা কেবল একটি সত্য প্রকাশ করে

Au sein de l'ancienne société, les éléments d'une nouvelle société ont été créés

পুরাতন সমাজের মধ্যে নতুনের উপাদান সৃষ্টি হয়েছে

et que la dissolution des vieilles idées va de pair avec la dissolution des anciennes conditions d'existence

এবং অস্তিত্বের পুরাতন অবস্থার বিলুপ্তির সাথে সাথে পুরাতন ধারণার বিলুপ্তি সমান তাল মিলিয়ে চলতে থাকে

Lorsque le monde antique était dans ses dernières affresses, les anciennes religions ont été vaincues par le christianisme

প্রাচীন বিশ্ব যখন তার শেষ প্রান্তে ছিল, তখন প্রাচীন ধর্মগুলি খ্রিস্টধর্মের দ্বারা পরাজিত হয়েছিল

Lorsque les idées chrétiennes ont succombé au XVIIIe siècle aux idées rationalistes, la société féodale a mené une bataille à mort contre la bourgeoisie alors révolutionnaire

অষ্টাদশ শতাব্দীতে খ্রিষ্টান চিন্তাধারা যখন যুক্তিবাদী ধারণার কাছে আত্মসমর্পণ করে, তখন সামন্ততান্ত্রিক সমাজ তৎকালীন বিপ্লবী বুর্জোয়াদের সঙ্গে মরণপণ যুদ্ধে লিপ্ত হয়

Les idées de liberté religieuse et de liberté de conscience n'ont fait qu'exprimer l'emprise de la libre concurrence dans le domaine de la connaissance

ধর্মীয় স্বাধীনতা এবং বিবেকের স্বাধীনতার ধারণাগুলি কেবল জ্ঞানের ডোমেনের মধ্যে অবাধ প্রতিযোগিতার আধিপত্যকে প্রকাশ করেছিল

« Sans doute, dira-t-on, les idées religieuses, morales, philosophiques et juridiques ont été modifiées au cours du développement historique »

বলা হবে, নিঃসন্দেহে ঐতিহাসিক বিকাশের ধারায় ধর্মীয়, নৈতিক, দার্শনিক ও আইনশাস্ত্রের ধারণাসমূহে সংশোধিত হয়েছে।

Mais la religion, la morale, la philosophie, la science politique et le droit ont constamment survécu à ce changement.

কিন্তু ধর্ম, নৈতিকতা, দর্শন, রাষ্ট্রবিজ্ঞান ও আইন এই পরিবর্তনকে প্রতিনিয়ত টিকিয়ে রেখেছে।

« Il y a aussi des vérités éternelles, telles que la Liberté, la Justice, etc. »

"স্বাধীনতা, ন্যায়বিচার ইত্যাদির মতো চিরন্তন সত্যও রয়েছে"

« Ces vérités éternelles sont communes à tous les états de la société »

"এই চিরন্তন সত্যগুলি সমাজের সমস্ত অবস্থার জন্য সাধারণ"

« Mais le communisme abolit les vérités éternelles, il abolit toute religion et toute morale »

কিন্তু কমিউনিজম চিরন্তন সত্যকেই উড়িয়ে দেয়, ধর্ম ও নৈতিকতারই উচ্ছেদ করে।

« il fait cela au lieu de les constituer sur une nouvelle base »

"এটি একটি নতুন ভিত্তিতে তাদের গঠন করার পরিবর্তে এটি করে"

« Elle agit donc en contradiction avec toute l'expérience historique passée »

"সুতরাং এটি অতীতের সমস্ত ঐতিহাসিক অভিজ্ঞতার সাথে সাংঘর্ষিক।

À quoi se réduit cette accusation ?

এই অভিযোগ কিসের ভিত্তিতে?

L'histoire de toute la société passée a consisté dans le développement d'antagonismes de classe

অতীতের সকল সমাজের ইতিহাস শ্রেণী বিরোধের বিকাশের মধ্যে নিহিত

antagonismes qui ont pris des formes différentes selon les époques

বিরোধিতা যা বিভিন্ন যুগে বিভিন্ন রূপ ধারণ করেছিল

Mais quelle que soit la forme qu'ils aient prise, un fait est commun à tous les âges passés

কিন্তু তারা যে রূপই ধারণ করুক না কেন, একটি সত্য অতীত যুগে সাধারণ

l'exploitation d'une partie de la société par l'autre

সমাজের এক অংশকে অন্য অংশের শোষণ

Il n'est donc pas étonnant que la conscience sociale des âges passés se meuve à l'intérieur de certaines formes communes ou d'idées générales

সুতরাং আশ্চর্যের কিছু নেই যে, অতীত যুগের সামাজিক চেতনা কিছু সাধারণ রূপ বা সাধারণ ধারণার মধ্যে চলে

(et ce, malgré toute la multiplicité et la variété qu'il affiche)

(এবং এটি সমস্ত বহুবিধতা এবং বৈচিত্র্য সত্ত্বেও)

et ceux-ci ne peuvent disparaître complètement qu'avec la disparition totale des antagonismes de classe

এবং শ্রেণী বিরোধের সম্পূর্ণ বিলুপ্তি ছাড়া এগুলি সম্পূর্ণরূপে বিলুপ্ত হতে পারে না

La révolution communiste est la rupture la plus radicale avec les rapports de propriété traditionnels

কমিউনিস্ট বিপ্লব হল ঐতিহ্যগত সম্পত্তি সম্পর্কের সাথে সবচেয়ে মৌলিক ফাটল

Il n'est donc pas étonnant que son développement implique la rupture la plus radicale avec les idées traditionnelles

এতে অবাক হওয়ার কিছু নেই যে এর বিকাশে ঐতিহ্যবাহী ধারণাগুলির সাথে সবচেয়ে মৌলিক ফাটল জড়িত

Mais finissons-en avec les objections de la bourgeoisie contre le communisme

কিন্তু কমিউনিজমের প্রতি বুর্জোয়াদের আপত্তি নিয়ে আমরা কাজ করি

Nous avons vu plus haut le premier pas de la révolution de la classe ouvrière

শ্রমিক শ্রেণীর বিপ্লবের প্রথম ধাপ আমরা উপরে দেখেছি

Le prolétariat doit être élevé à la position de dirigeant, pour gagner la bataille de la démocratie

গণতন্ত্রের লড়াইয়ে জয়ী হতে হলে সর্বহারা শ্রেণীকে শাসকের আসনে বসাতে হবে

Le prolétariat usera de sa suprématie politique pour arracher peu à peu tout le capital à la bourgeoisie

প্রলেতারিয়েত তার রাজনৈতিক আধিপত্যকে ব্যবহার করে বুর্জোয়াদের কাছ থেকে সমস্ত পুঁজি ছিনিয়ে নেবে

elle centralisera tous les instruments de production entre les mains de l'État

উৎপাদনের যাবতীয় উপকরণকে রাষ্ট্রের হাতে কেন্দ্রীভূত করবে

En d'autres termes, le prolétariat s'est organisé en classe dominante

অন্য কথায়, সর্বহারা শ্রেণী শাসক শ্রেণী হিসাবে সংগঠিত হয়েছিল

et elle augmentera le plus rapidement possible le total des forces productives

এবং তা যত দ্রুত সম্ভব উৎপাদিকা শক্তির মোট বৃদ্ধি ঘটাবে

Bien sûr, au début, cela ne peut se faire qu'au moyen d'incursions despotiques dans les droits de propriété

অবশ্য শুরুতেই সম্পত্তির অধিকারের ওপর স্বৈরাচারী হস্তক্ষেপ ছাড়া তা কার্যকর করা যাবে না

et elle doit être réalisée dans les conditions de la production bourgeoise

এবং তা অর্জন করতে হবে বুর্জোয়া উৎপাদনের শর্তে

Elle est donc réalisée au moyen de mesures qui semblent économiquement insuffisantes et intenables

এটি এমন পদক্ষেপের মাধ্যমে অর্জন করা হয়, যা অর্থনৈতিকভাবে অপর্যাপ্ত এবং অসমর্থনযোগ্য বলে মনে হয়

mais ces moyens, dans le cours du mouvement, se dépassent d'eux-mêmes

কিন্তু আন্দোলন চলাকালীন এগুলোর অর্থ নিজেকে ছাড়িয়ে যায়

elles nécessitent de nouvelles incursions dans l'ancien ordre social

তারা পুরানো সামাজিক শৃঙ্খলার উপর আরও অনুপ্রবেশ অপরিহার্য

et ils sont inévitables comme moyen de révolutionner entièrement le mode de production

এবং উৎপাদন পদ্ধতিতে সম্পূর্ণরূপে বৈপ্লবিক পরিবর্তন আনার উপায় হিসেবে এগুলো অনিবার্য

Ces mesures seront bien sûr différentes selon les pays

এই ব্যবস্থা অবশ্যই বিভিন্ন দেশে ভিন্ন হবে

Néanmoins, dans les pays les plus avancés, ce qui suit sera assez généralement applicable

তবুও সবচেয়ে উন্নত দেশগুলিতে, নিম্নলিখিতগুলি বেশ সাধারণভাবে প্রযোজ্য হবে

1. L'abolition de la propriété foncière et l'affectation de toutes les rentes foncières à des fins publiques.

১. জমির সম্পত্তি বিলুপ্তি এবং জমির সকল খাজনা জনসাধারণের কাজে প্রয়োগ করা।

2. Un impôt sur le revenu progressif ou progressif lourd.

2. একটি ভারী প্রগতিশীল বা স্নাতক আয়কর।

3. Abolition de tout droit d'héritage.

৩. উত্তরাধিকারের সকল অধিকার বিলুপ্ত করা।

4. Confiscation des biens de tous les émigrés et rebelles.

৪. সকল মুহাজির ও বিদ্রোহীদের সম্পত্তি বাজেয়াপ্ত করা।

5. Centralisation du crédit entre les mains de l'État, au moyen d'une banque nationale à capital d'État et monopole exclusif.

৫. রাষ্ট্রীয় পুঁজি এবং একচেটিয়া একচেটিয়া অধিকারী একটি জাতীয় ব্যাংকের মাধ্যমে রাষ্ট্রের হাতে ঋণের কেন্দ্রীকরণ।

6. Centralisation des moyens de communication et de transport entre les mains de l'État.

৬. যোগাযোগ ও পরিবহণের মাধ্যম রাষ্ট্রের হাতে কেন্দ্রীভূতকরণ।

7. Extension des usines et des instruments de production appartenant à l'État

৭. রাষ্ট্রের মালিকানাধীন কারখানা ও উৎপাদন যন্ত্রের সম্প্রসারণ

la mise en culture des terres incultes, et l'amélioration du sol en général d'après un plan commun.

পতিত জমি চাষের কাজে লাগানো এবং সাধারণভাবে একটি সাধারণ পরিকল্পনা অনুযায়ী মাটির উন্নতি।

8. Responsabilité égale de tous vis-à-vis du travail

৮. শ্রমের প্রতি সকলের সমান দায়বদ্ধতা

Mise en place d'armées industrielles, notamment pour l'agriculture.

বিশেষ করে কৃষির জন্য শিল্প বাহিনী প্রতিষ্ঠা করা।

9. Combinaison de l'agriculture et des industries manufacturières

৯. উৎপাদন শিল্পের সঙ্গে কৃষির সমন্বয়

l'abolition progressive de la distinction entre la ville et la campagne, par une répartition plus égale de la population sur le territoire.

ধীরে ধীরে শহর ও দেশের মধ্যে পার্থক্য বিলুপ্ত করা, সারা দেশে জনসংখ্যার আরও সমান বিতরণ দ্বারা।

10. Gratuité de l'éducation pour tous les enfants dans les écoles publiques.

10. পাবলিক স্কুলে সব শিশুদের জন্য বিনামূল্যে শিক্ষা।
Abolition du travail des enfants dans les usines sous sa forme actuelle
বর্তমান আকারে শিশু কারখানার শ্রম বিলুপ্তি
Combinaison de l'éducation et de la production industrielle
শিল্পোৎপাদনের সঙ্গে শিক্ষার সমন্বয়
Quand, au cours du développement, les distinctions de classe ont disparu
যখন বিকাশের ধারায় শ্রেণীবৈষম্য বিলুপ্ত হয়ে গেছে
et quand toute la production aura été concentrée entre les mains d'une vaste association de toute la nation
এবং যখন সমস্ত উৎপাদন সমগ্র জাতির এক বিশাল সমিতির হাতে কেন্দ্রীভূত হয়েছে
alors la puissance publique perdra son caractère politique
তখন গণশক্তি তার রাজনৈতিক চরিত্র হারাবে
Le pouvoir politique, proprement dit, n'est que le pouvoir organisé d'une classe pour en opprimer une autre
রাজনৈতিক ক্ষমতা, যথাযথভাবে তথাকথিত, অন্য শ্রেণীকে নিপীড়ন করার জন্য এক শ্রেণীর সংগঠিত শক্তি মাত্র।
Si le prolétariat, dans sa lutte contre la bourgeoisie, est contraint, par la force des choses, de s'organiser en classe
বুর্জোয়াদের সঙ্গে প্রতিযোগিতার সময় প্রলেতারিয়েত যদি পরিস্থিতির জোরে নিজেকে একটা শ্রেণী হিসেবে সংগঠিত করতে বাধ্য হয়
si, par une révolution, elle se fait la classe dominante
যদি, বিপ্লবের মাধ্যমে, এটি নিজেকে শাসক শ্রেণীতে পরিণত করে
et, en tant que telle, elle balaie par la force les anciennes conditions de production
এবং, যেমন, এটি উত্পাদনের পুরানো শর্তগুলিকে জোর করে ধুয়ে দেয়
alors, avec ces conditions, elle aura balayé les conditions d'existence des antagonismes de classes et des classes en général
তখন এই শর্তাবলীর সাথে সাথে শ্রেণী বৈরিতা ও সাধারণভাবে শ্রেণীর অস্তিত্বের শর্তকেও ধুয়ে মুছে ফেলবে
et aura ainsi aboli sa propre suprématie en tant que classe.
এবং এর ফলে শ্রেণী হিসেবে নিজেদের আধিপত্য বিলুপ্ত হবে।

A la place de l'ancienne société bourgeoise, avec ses classes
et ses antagonismes de classes, nous aurons une association
পুরাতন বুর্জোয়া সমাজের পরিবর্তে, তার শ্রেণী ও শ্রেণী বিরোধিতার
সাথে আমাদের একটি সমিতি থাকবে
une association dans laquelle le libre développement de
chacun est la condition du libre développement de tous
এমন একটি সমিতি যেখানে প্রত্যেকের অবাধ বিকাশ সকলের অবাধ
বিকাশের শর্ত

1) Le socialisme réactionnaire
১) প্রতিক্রিয়াশীল সমাজতন্ত্র

a) Le socialisme féodal
ক) সামন্ততান্ত্রিক সমাজতন্ত্র

les aristocraties de France et d'Angleterre avaient une position historique unique
ফ্রান্স এবং ইংল্যান্ডের অভিজাতদের একটি অনন্য ঐতিহাসিক অবস্থান ছিল

c'est devenu leur vocation d'écrire des pamphlets contre la société bourgeoise moderne
আধুনিক বুর্জোয়া সমাজের বিরুদ্ধে পুস্তিকা লেখা তাদের পেশায় পরিণত হয়েছিল

Dans la révolution française de juillet 1830 et dans l'agitation réformiste anglaise
1830 সালের জুলাইয়ের ফরাসি বিপ্লবে এবং ইংরেজ সংস্কার আন্দোলনে

Ces aristocraties succombèrent de nouveau à l'odieux parvenu
এই অভিজাতরা আবার ঘৃণ্য উত্থানের কাছে আত্মসমর্পণ করেছিল

Dès lors, il n'était plus question d'une lutte politique sérieuse
এরপর থেকে গুরুতর রাজনৈতিক প্রতিদ্বন্দ্বিতার প্রশ্নই ওঠে না

Tout ce qui restait possible, c'était une bataille littéraire, pas une véritable bataille
যা কিছু সম্ভব ছিল তা ছিল সাহিত্যের লড়াই, প্রকৃত লড়াই নয়

Mais même dans le domaine de la littérature, les vieux cris de la période de la restauration étaient devenus impossibles
কিন্তু সাহিত্যের ক্ষেত্রেও পুনঃস্থাপনের সময়ের পুরনো হাহাকার অসম্ভব হয়ে পড়েছিল

Pour s'attirer la sympathie, l'aristocratie était obligée de perdre de vue, semble-t-il, ses propres intérêts
সহানুভূতি জাগ্রত করার জন্য, অভিজাতরা স্পষ্টতই তাদের নিজস্ব স্বার্থের প্রতি দৃষ্টি হারাতে বাধ্য হয়েছিল

et ils ont été obligés de formuler leur réquisitoire contre la bourgeoisie dans l'intérêt de la classe ouvrière exploitée

এবং তারা শোষিত শ্রমিক শ্রেণীর স্বার্থে বুর্জোয়াদের বিরুদ্ধে তাদের অভিযোগ গঠন করতে বাধ্য হয়েছিল

C'est ainsi que l'aristocratie prit sa revanche en chantant des pamphlets sur son nouveau maître

এইভাবে অভিজাতরা তাদের নতুন মনিবের উপর ল্যাম্পুন গেয়ে তাদের প্রতিশোধ নিয়েছিল

et ils prirent leur revanche en lui murmurant à l'oreille de sinistres prophéties de catastrophe à venir

এবং তারা তার কানে ফিসফিস করে আসন্ন বিপর্যয়ের অশুভ ভবিষ্যদ্বাণী বলে প্রতিশোধ নিয়েছিল

C'est ainsi qu'est né le socialisme féodal : moitié lamentation, moitié moquerie

এভাবেই গড়ে ওঠে সামন্ততান্ত্রিক সমাজতন্ত্র: অর্ধেক বিলাপ, আরেক ল্যাম্পুন

Il sonnait comme un demi-écho du passé, et projetait une demi-menace de l'avenir

এটি অতীতের অর্ধেক প্রতিধ্বনি এবং ভবিষ্যতের অর্ধেক বিপদের প্রক্ষেপণ হিসাবে বেজে ওঠে

parfois, par sa critique acerbe, spirituelle et incisive, il frappait la bourgeoisie au plus profond de lui-même

মাঝে মাঝে, এর তিক্ত, রসিক এবং তীক্ষ্ণ সমালোচনার মাধ্যমে, এটি বুর্জোয়াদের হৃদয়ের অন্তঃস্থলে আঘাত করেছিল

mais elle a toujours été ridicule dans son effet, par l'incapacité totale de comprendre la marche de l'histoire moderne

কিন্তু আধুনিক ইতিহাসের অগ্রযাত্রা অনুধাবনে সম্পূর্ণ অক্ষমতার কারণে এর প্রভাবটি সর্বদা হাস্যকর ছিল

L'aristocratie, pour rallier le peuple à elle, agitait le sac d'aumône prolétarien en guise de bannière

অভিজাত শ্রেণী জনগণকে তাদের কাছে জড়ো করার জন্য সর্বহারা ভিক্ষা-থলি সামনে একটি ব্যানারের জন্য নাড়াচাড়া করে

Mais le peuple, toutes les fois qu'il se joignait à lui, voyait sur son arrière-train les anciennes armoiries féodales

কিন্তু জনগণ, যতবার তাদের সাথে যোগ দিয়েছিল, তাদের পশ্চাতে পুরানো সামন্ততান্ত্রিক অস্ত্রের কোট দেখতে পেয়েছিল

et ils désertèrent avec des rires bruyants et irrévérencieux

এবং তারা উচ্চস্বরে এবং অযৌক্তিক হাসিতে চলে গেল

Une partie des légitimistes français et de la « Jeune Angleterre » offrit ce spectacle

ফরাসি লেজিটিমিস্ট এবং "ইয়ং ইংল্যান্ড" এর একটি অংশ এই দৃশ্যটি প্রদর্শন করেছিল

les féodaux ont fait remarquer que leur mode d'exploitation était différent de celui de la bourgeoisie

সামন্তবাদীরা দেখিয়েছে যে তাদের শোষণের পদ্ধতি বুর্জোয়াদের থেকে আলাদা

Les féodaux oublient qu'ils ont exploité dans des circonstances et des conditions tout à fait différentes

সামন্তবাদীরা ভুলে যায় যে তারা সম্পূর্ণ ভিন্ন পরিস্থিতিতে এবং পরিস্থিতিতে শোষণ করেছিল

Et ils n'ont pas remarqué que de telles méthodes d'exploitation sont maintenant désuètes

এবং তারা খেয়াল করেনি যে শোষণের এই পদ্ধতিগুলি এখন প্রাচীনতম

Ils ont montré que, sous leur domination, le prolétariat moderne n'a jamais existé

তারা দেখিয়েছে যে, তাদের শাসনামলে আধুনিক প্রলেতারিয়েতের অস্তিত্ব কখনোই ছিল না

mais ils oublient que la bourgeoisie moderne est le produit nécessaire de leur propre forme de société

কিন্তু তারা ভুলে যায় যে আধুনিক বুর্জোয়ারা তাদের নিজস্ব রূপের সমাজের প্রয়োজনীয় সন্তান

Pour le reste, ils dissimulent à peine le caractère réactionnaire de leur critique

বাকিদের জন্য তারা তাদের সমালোচনার প্রতিক্রিয়াশীল চরিত্র খুব কমই গোপন করে

Leur principale accusation contre la bourgeoisie se résume à ceci

বুর্জোয়াদের বিরুদ্ধে তাদের প্রধান অভিযোগের পরিমাণ নিম্নরূপ

sous le régime bourgeois, une classe sociale se développe

বুর্জোয়া শাসনের অধীনে একটি সামাজিক শ্রেণি গড়ে উঠছে

Cette classe sociale est destinée à découper de fond en comble l'ancien ordre de la société

এই সামাজিক শ্রেণীর নিয়তি সমাজের পুরনো ব্যবস্থার শিকড় কেটে শাখা প্রশাখা বিস্তার করে

Ce qu'ils reprochent à la bourgeoisie, ce n'est pas tant qu'elle crée un prolétariat

তারা বুর্জোয়াদের যে দাপট দেখায় তা এতটা নয় যে এটি একটি সর্বহারা শ্রেণী তৈরি করে

ce qu'ils reprochent à la bourgeoisie, c'est plutôt de créer un prolétariat révolutionnaire

বুর্জোয়াদের তারা যা দিয়ে উচ্চারণ করে তা আরও বেশি করে যে এটি একটি বিপ্লবী সর্বহারা শ্রেণী তৈরি করে

Dans la pratique politique, ils se joignent donc à toutes les mesures coercitives contre la classe ouvrière

রাজনৈতিক অনুশীলনে, তাই তারা শ্রমিক শ্রেণীর বিরুদ্ধে সমস্ত জবরদস্তিমূলক ব্যবস্থায় যোগ দেয়

Et dans la vie ordinaire, malgré leurs phrases hautaines, ils s'abaissent à ramasser les pommes d'or tombées de l'arbre de l'industrie

আর সাধারণ জীবনে, উচ্চমার্গীয় বাক্য সত্ত্বেও তারা শিল্পের বৃক্ষ থেকে ঝরে পড়া সোনালী আপেল কুড়িয়ে নিতে ঝাঁপিয়ে পড়ে

et ils troquent la vérité, l'amour et l'honneur contre le commerce de la laine, du sucre de betterave et de l'eau-de-vie de pommes de terre

এবং তারা পশম, বিটরুট-চিনি এবং আলুর স্পিরিটে বাণিজ্যের জন্য সত্য, ভালবাসা এবং সম্মান বিনিময় করে

De même que le pasteur a toujours marché main dans la main avec le propriétaire foncier, il en a été de même du socialisme clérical et du socialisme féodal

জমিদারের সঙ্গে যেমন ধর্মযাজক হাত মিলিয়েছেন, তেমনি সামন্ততান্ত্রিক সমাজতন্ত্রের সঙ্গে কেরানি সমাজতন্ত্রও হাত মিলিয়েছে

Rien n'est plus facile que de donner à l'ascétisme chrétien une teinte socialiste

খ্রিস্টান সন্ন্যাসকে সমাজতান্ত্রিক আভা দেওয়ার চেয়ে সহজ আর কিছুই নেই

Le christianisme n'a-t-il pas déclamé contre la propriété privée, contre le mariage, contre l'État ?

খ্রিস্টধর্ম কি ব্যক্তিগত সম্পত্তির বিরুদ্ধে, বিবাহের বিরুদ্ধে, রাষ্ট্রের বিরুদ্ধে ঘোষণা করে না?

Le christianisme n'a-t-il pas prêché à la place de la charité et de la pauvreté ?

খ্রিস্টধর্ম কি এগুলোর স্থলে প্রচার করেনি, দান ও দারিদ্র্য?

Le christianisme ne prêche-t-il pas le célibat et la mortification de la chair, de la vie monastique et de l'Église mère ?

খ্রিস্টধর্ম কি মাংস, সন্ন্যাসী জীবন এবং মাদার চার্চের ব্রহ্মচর্য এবং মর্মবৃত্তির প্রচার করে না?

Le socialisme chrétien n'est que l'eau bénite avec laquelle le prêtre consacre les brûlures du cœur de l'aristocrate

খ্রিষ্টান সমাজতন্ত্র সেই পবিত্র জল মাত্র, যা দিয়ে পুরোহিত অভিজাতদের হৃদয়দহনকে পবিত্র করেন

b) Le socialisme petit-bourgeois
খ) পেটি-বুর্জোয়া সমাজতন্ত্র

L'aristocratie féodale n'est pas la seule classe ruinée par la bourgeoisie
সামন্ততান্ত্রিক অভিজাততন্ত্রই একমাত্র শ্রেণী নয় যারা বুর্জোয়াদের দ্বারা ধ্বংস হয়েছিল
ce n'était pas la seule classe dont les conditions d'existence languissaient et périssaient dans l'atmosphère de la société bourgeoise moderne
আধুনিক বুর্জোয়া সমাজের পরিবেশে অস্তিত্বের শর্ত বিনষ্ট ও বিলুপ্ত হয়ে যাওয়া একমাত্র শ্রেণি নয়
Les bourgeois médiévaux et les petits propriétaires paysans ont été les précurseurs de la bourgeoisie moderne
মধ্যযুগীয় বার্জেস এবং ক্ষুদ্র কৃষক মালিকরা আধুনিক বুর্জোয়াদের অগ্রদূত ছিলেন
Dans les pays peu développés, tant au point de vue industriel que commercial, ces deux classes végètent encore côte à côte
যেসব দেশে শিল্প ও বাণিজ্যিকভাবে স্বল্পোন্নত, সেখানে এই দুই শ্রেণি এখনো পাশাপাশি বসবাস করছে
et pendant ce temps, la bourgeoisie se lève à côté d'eux : industriellement, commercialement et politiquement
এবং এরই মধ্যে বুর্জোয়ারা তাদের পাশে উঠে দাঁড়ায়: শিল্পগতভাবে, বাণিজ্যিকভাবে এবং রাজনৈতিকভাবে
Dans les pays où la civilisation moderne s'est pleinement développée, une nouvelle classe de petite bourgeoisie s'est formée
যেসব দেশে আধুনিক সভ্যতা পরিপূর্ণভাবে বিকশিত হয়েছে, সেখানে পেটি বুর্জোয়াদের একটি নতুন শ্রেণি গড়ে উঠেছে
cette nouvelle classe sociale oscille entre le prolétariat et la bourgeoisie
এই নতুন সামাজিক শ্রেণী সর্বহারা শ্রেণী ও বুর্জোয়াদের মধ্যে ওঠানামা করে
et elle se renouvelle sans cesse en tant que partie supplémentaire de la société bourgeoise

এবং এটি বুর্জোয়া সমাজের পরিপূরক অংশ হিসাবে নিজেকে সর্বদা পুননবীকরণ করছে

Cependant, les membres individuels de cette classe sont constamment précipités dans le prolétariat

এই শ্রেণীর স্বতন্ত্র সদস্যদেরকে অবশ্য ক্রমাগত সর্বহারা শ্রেণীতে নিক্ষেপ করা হচ্ছে

ils sont aspirés par le prolétariat par l'action de la concurrence

প্রতিযোগিতার ক্রিয়ার মাধ্যমে তারা সর্বহারা শ্রেণী দ্বারা চুষে খায়

Au fur et à mesure que l'industrie moderne se développe, ils voient même approcher le moment où ils disparaîtront complètement en tant que section indépendante de la société moderne

আধুনিক শিল্পের বিকাশের সাথে সাথে তারা এমনকি সেই মুহূর্তটি এগিয়ে আসতে দেখছে যখন তারা আধুনিক সমাজের একটি স্বাধীন বিভাগ হিসাবে সম্পূর্ণরূপে অদৃশ্য হয়ে যাবে

ils seront remplacés, dans les manufactures, l'agriculture et le commerce, par des surveillants, des huissiers et des boutiquiers

উৎপাদন, কৃষি ও বাণিজ্য ক্ষেত্রে তাদের পরিবর্তে উপরক্ষক, বেলিফ এবং দোকানদারদের দ্বারা প্রতিস্থাপিত হবে

Dans des pays comme la France, où les paysans représentent bien plus de la moitié de la population

ফ্রান্সের মতো দেশে, যেখানে কৃষকরা জনসংখ্যার অর্ধেকেরও বেশি

il était naturel qu'il y ait des écrivains qui se rangent du côté du prolétariat contre la bourgeoisie

এটা স্বাভাবিক ছিল যে বুর্জোয়াদের বিরুদ্ধে প্রলেতারিয়েতের পক্ষ নেওয়া লেখকরা আছেন

dans leur critique du régime bourgeois, ils utilisaient l'étendard de la bourgeoisie paysanne et de la petite bourgeoisie

বুর্জোয়া শাসনের সমালোচনায় তারা কৃষক ও ক্ষুদে বুর্জোয়াদের মানদণ্ড ব্যবহার করেছিল

et, du point de vue de ces classes intermédiaires, ils prennent le relais de la classe ouvrière

এবং এই মধ্যবর্তী শ্রেণীর দৃষ্টিকোণ থেকে তারা শ্রমিক শ্রেণীর জন্য কোদাল গ্রহণ করে

C'est ainsi qu'est né le socialisme petit-bourgeois, dont Sismondi était le chef de cette école, non seulement en France, mais aussi en Angleterre
এইভাবে পেটি-বুর্জোয়া সমাজতন্ত্রের উত্থান ঘটে, যার মধ্যে সিসমন্ডি এই স্কুলের প্রধান ছিলেন, কেবল ফ্রান্সেই নয়, ইংল্যান্ডেও
Cette école du socialisme a disséqué avec une grande acuité les contradictions des conditions de la production moderne
সমাজতন্ত্রের এই ধারা আধুনিক উৎপাদন ব্যবস্থার দ্বন্দ্বগুলোকে অত্যন্ত তীব্রভাবে ব্যবচ্ছেদ করেছে
Cette école a mis à nu les excuses hypocrites des économistes
এই স্কুলটি অর্থনীতিবিদদের ভণ্ডামি ক্ষমা প্রার্থনা করেছিল
Cette école prouva sans conteste les effets désastreux du machinisme et de la division du travail
যন্ত্রপাতির বিপর্যয়কর প্রভাব এবং শ্রম বিভাজনের বিপর্যয়কর প্রভাব এই বিদ্যালয়টি অকাট্যভাবে প্রমাণ করেছিল
elle prouvait la concentration du capital et de la terre entre quelques mains
পুঁজি ও জমির কেন্দ্রীভবন অল্প হাতে প্রমাণিত হয়
elle a prouvé comment la surproduction conduit à des crises bourgeoises
এটি প্রমাণ করে যে কীভাবে অতিরিক্ত উত্পাদন বুর্জোয়া সংকটের দিকে পরিচালিত করে
il soulignait la ruine inévitable de la petite bourgeoisie et des paysans
এটি পেটি বুর্জোয়া ও কৃষকের অনিবার্য ধ্বংসকে নির্দেশ করেছিল
la misère du prolétariat, l'anarchie de la production, les inégalités criantes dans la répartition des richesses
প্রলেতারিয়েতের দুঃখ-দুর্দশা, উৎপাদনে নৈরাজ্য, সম্পদের বণ্টনে হাহাকার বৈষম্য
Il a montré comment le système de production mène la guerre industrielle d'extermination entre les nations
এটি দেখিয়েছিল যে উৎপাদন ব্যবস্থা কীভাবে জাতিগুলির মধ্যে নির্মূলের শিল্প যুদ্ধের নেতৃত্ব দেয়
la dissolution des vieux liens moraux, des vieilles relations familiales, des vieilles nationalités
পুরাতন নৈতিক বন্ধন, পুরাতন পারিবারিক সম্পর্ক, পুরাতন জাতীয়তার বিলুপ্তি

Dans ses objectifs positifs, cependant, cette forme de socialisme aspire à réaliser l'une des deux choses suivantes
তবে এর ইতিবাচক লক্ষ্যে, সমাজতন্ত্রের এই রূপটি দুটি জিনিসের একটি অর্জন করতে চায়
soit elle vise à restaurer les anciens moyens de production et d'échange
হয় এর লক্ষ্য উৎপাদনের পুরনো উপায়-উপকরণ পুনঃপ্রতিষ্ঠা করা এবং বিনিময় করা
et avec les anciens moyens de production, elle rétablirait les anciens rapports de propriété et l'ancienne société
এবং উৎপাদনের পুরানো উপায়ের সাথে এটি পুরানো সম্পত্তি সম্পর্ক এবং পুরানো সমাজকে পুনরুদ্ধার করবে
ou bien elle vise à enfermer les moyens modernes de production et d'échange dans l'ancien cadre des rapports de propriété
অথবা এর লক্ষ্য উৎপাদনের আধুনিক উপায়গুলিকে সংকুচিত করা এবং সম্পত্তি সম্পর্কের পুরানো কাঠামোর মধ্যে বিনিময় করা
Dans un cas comme dans l'autre, elle est à la fois réactionnaire et utopique
উভয় ক্ষেত্রেই, এটি প্রতিক্রিয়াশীল এবং ইউটোপিয়ান উভয়ই
Ses derniers mots sont : guildes corporatives pour la fabrication, relations patriarcales dans l'agriculture
এর শেষ কথাগুলি হ'ল: উত্পাদনের জন্য কর্পোরেট গিল্ডস, কৃষিতে পিতৃতান্ত্রিক সম্পর্ক
En fin de compte, lorsque les faits historiques obstinés ont dispersé tous les effets enivrants de l'auto-tromperie
অবশেষে, যখন একগুঁয়ে ঐতিহাসিক ঘটনাগুলি আত্ম-প্রবঞ্চনার সমস্ত নেশাগ্রস্ত প্রভাবগুলি ছড়িয়ে দিয়েছিল
cette forme de socialisme se termina par un misérable accès de pitié
সমাজতন্ত্রের এই রূপটি করুণার একটি করুণ ফিটে শেষ হয়েছিল

c) Le socialisme allemand, ou « vrai »
গ) জার্মান বা 'সত্যিকারের' সমাজতন্ত্র

La littérature socialiste et communiste de France est née sous la pression d'une bourgeoisie au pouvoir
ক্ষমতাসীন বুর্জোয়াদের চাপে ফ্রান্সের সমাজতান্ত্রিক ও কমিউনিস্ট সাহিত্যের উদ্ভব হয়েছিল
Et cette littérature était l'expression de la lutte contre ce pouvoir
আর এই সাহিত্য ছিল এই ক্ষমতার বিরুদ্ধে সংগ্রামের বহিঃপ্রকাশ
elle a été introduite en Allemagne à une époque où la bourgeoisie venait de commencer sa lutte contre l'absolutisme féodal
এটি এমন এক সময়ে জার্মানিতে প্রবর্তিত হয়েছিল যখন বুর্জোয়ারা সবেমাত্র সামন্ততান্ত্রিক নিরঙ্কুশতার সাথে তার প্রতিযোগিতা শুরু করেছিল
Les philosophes allemands, les prétendus philosophes et les beaux esprits, s'emparèrent avidement de cette littérature
জার্মান দার্শনিক, হবু দার্শনিক এবং বিউক্স এসপ্রিটরা এই সাহিত্যকে আগ্রহের সাথে গ্রহণ করেছিলেন
mais ils oubliaient que les écrits avaient émigré de France en Allemagne sans apporter avec eux les conditions sociales françaises
কিন্তু তারা ভুলে গিয়েছিল যে লেখাগুলি ফরাসি সামাজিক অবস্থার সাথে না এনে ফ্রান্স থেকে জার্মানিতে চলে এসেছিল
Au contact des conditions sociales allemandes, cette littérature française perd toute sa signification pratique immédiate
জার্মান সামাজিক অবস্থার সংস্পর্শে এসে এই ফরাসি সাহিত্য তার তাৎক্ষণিক ব্যবহারিক তাৎপর্য হারিয়ে ফেলে
et la littérature communiste de France a pris un aspect purement littéraire dans les cercles académiques allemands
এবং ফ্রান্সের কমিউনিস্ট সাহিত্যে জার্মান একাডেমিক চেনাশোনাগুলিতে একটি বিশুদ্ধরূপে সাহিত্যিক দিক গ্রহণ করেছিল
Ainsi, les exigences de la première Révolution française n'étaient rien d'autre que les exigences de la « raison pratique »

সুতরাং, প্রথম ফরাসি বিপ্লবের দাবি "ব্যবহারিক যুক্তির" দাবি ছাড়া আর কিছুই ছিল না

et l'expression de la volonté de la bourgeoisie française révolutionnaire signifiait à leurs yeux la loi de la volonté pure

এবং বিপ্লবী ফরাসি বুর্জোয়াদের ইচ্ছার উচ্চারণ তাদের চোখে বিশুদ্ধ ইচ্ছার আইনকে নির্দেশ করে

il signifiait la Volonté telle qu'elle devait être ; de la vraie Volonté humaine en général

এটি উইলকে বোঝায় যেমন এটি হতে বাধ্য ছিল; সত্যিকারের মানবিক ইচ্ছা সাধারণত

Le monde des lettrés allemands ne consistait qu'à mettre les nouvelles idées françaises en harmonie avec leur ancienne conscience philosophique

জার্মান সাহিত্যিকদের জগৎ কেবল নতুন ফরাসি ধারণাগুলিকে তাদের প্রাচীন দার্শনিক বিবেকের সাথে সামঞ্জস্যপূর্ণ করার মধ্যে নিহিত ছিল

ou plutôt, ils ont annexé les idées françaises sans déserter leur propre point de vue philosophique

অথবা বরং, তারা তাদের নিজস্ব দার্শনিক দৃষ্টিভঙ্গি ত্যাগ না করে ফরাসি ধারণাগুলি সংযুক্ত করেছিল

Cette annexion s'est faite de la même manière que l'on s'approprie une langue étrangère, c'est-à-dire par la traduction

এই সংযুক্তিটি একইভাবে ঘটেছিল যেভাবে একটি বিদেশী ভাষা বরাদ্দ করা হয়, যথা, অনুবাদ দ্বারা

Il est bien connu comment les moines ont écrit des vies stupides de saints catholiques sur des manuscrits

সন্ন্যাসীরা কীভাবে পাণ্ডুলিপির উপর ক্যাথলিক সাধুদের নির্বোধ জীবন লিখেছিলেন তা সর্বজনবিদিত

les manuscrits sur lesquels les œuvres classiques de l'ancien paganisme avaient été écrites

যে পাণ্ডুলিপিগুলির উপর প্রাচীন ঐতিহাসিকদের ধ্রুপদী কাজগুলি লেখা হয়েছিল

Les lettrés allemands ont inversé ce processus avec la littérature française profane

জার্মান সাহিত্যিক অপবিত্র ফরাসি সাহিত্য দিয়ে এই প্রক্রিয়াটি বিপরীত করেছিলেন
Ils ont écrit leurs absurdités philosophiques sous l'original français
তারা ফরাসি মূলের নীচে তাদের দার্শনিক আজেবাজে কথা লিখেছিল
Par exemple, sous la critique française des fonctions économiques de l'argent, ils ont écrit « L'aliénation de l'humanité »
উদাহরণস্বরূপ, অর্থের অর্থনৈতিক ক্রিয়াকলাপ সম্পর্কে ফরাসিদের সমালোচনার আড়ালে, তারা "মানবতার বিচ্ছিন্নতা" লিখেছিল
au-dessous de la critique française de l'État bourgeois, ils écrivaient « détrônement de la catégorie du général »
বুর্জোয়া রাষ্ট্রের ফরাসি সমালোচনার নীচে তারা লিখেছিল "জেনারেলের বিভাগের সিংহাসনচ্যুতি"
L'introduction de ces phrases philosophiques à la fin des critiques historiques françaises qu'ils ont baptisées :
ফরাসি ঐতিহাসিক সমালোচনার পেছনে এই দার্শনিক বাক্যাংশের ভূমিকা:
« Philosophie de l'action », « Vrai socialisme », « Science allemande du socialisme », « Fondement philosophique du socialisme », etc
"কর্মের দর্শন", "সত্যিকারের সমাজতন্ত্র", "সমাজতন্ত্রের জার্মান বিজ্ঞান," "সমাজতন্ত্রের দার্শনিক ভিত্তি" ইত্যাদি
La littérature socialiste et communiste française est ainsi complètement émasculée
ফরাসি সমাজতান্ত্রিক ও কমিউনিস্ট সাহিত্য এভাবে সম্পূর্ণরূপে পুরুষত্বহীন হয়ে পড়েছিল
entre les mains des philosophes allemands, elle cessa d'exprimer la lutte d'une classe contre l'autre
জার্মান দার্শনিকদের হাতে এক শ্রেণীর সাথে অন্য শ্রেণীর সংগ্রাম প্রকাশ করা বন্ধ হয়ে যায়
et c'est ainsi que les philosophes allemands se sentaient conscients d'avoir surmonté « l'unilatéralité française »
আর তাই জার্মান দার্শনিকরা 'ফরাসি একপেশেতা' কাটিয়ে ওঠার ব্যাপারে সচেতন ছিলেন

Il n'avait pas à représenter de vraies exigences, mais plutôt des exigences de vérité

এটি সত্যিকারের প্রয়োজনীয়তার প্রতিনিধিত্ব করে না, বরং, এটি সত্যের প্রয়োজনীয়তার প্রতিনিধিত্ব করে

il n'y avait pas d'intérêt pour le prolétariat, mais plutôt pour la nature humaine

প্রলেতারিয়েতের প্রতি আগ্রহ ছিল না, বরং মানব প্রকৃতির প্রতি আগ্রহ ছিল

l'intérêt était dans l'Homme en général, qui n'appartient à aucune classe et n'a pas de réalité

আগ্রহ ছিল সাধারণভাবে মানুষের প্রতি, যে কোন শ্রেণীর অন্তর্গত নয়, এবং তার কোন বাস্তবতা নেই

un homme qui n'existe que dans le royaume brumeux de la fantaisie philosophique

এমন একজন মানুষ যিনি কেবল দার্শনিক কল্পনার কুয়াশাচ্ছন্ন রাজ্যে বিদ্যমান

mais finalement, ce socialisme allemand d'écolier perdit aussi son innocence pédante

কিন্তু শেষ পর্যন্ত এই স্কুলছাত্র জার্মান সমাজতন্ত্রও তার পেডেন্টিক সরলতা হারিয়েছে

la bourgeoisie allemande, et surtout la bourgeoisie prussienne, luttait contre l'aristocratie féodale

জার্মান বুর্জোয়া, এবং বিশেষ করে প্রুশিয়ান বুর্জোয়ারা সামন্ততান্ত্রিক অভিজাততন্ত্রের বিরুদ্ধে লড়াই করেছিল

la monarchie absolue de l'Allemagne et de la Prusse était également combattue

জার্মানি এবং প্রুশিয়ার নিরঙ্কুশ রাজতন্ত্রের বিরুদ্ধেও লড়াই করা হচ্ছিল

Et à son tour, la littérature du mouvement libéral est également devenue plus sérieuse

এবং পরিবর্তে, উদারনৈতিক আন্দোলনের সাহিত্যও আরও আন্তরিক হয়ে ওঠে

L'Allemagne a eu l'occasion longtemps souhaitée par le « vrai » socialisme de se voir offrir

জার্মানির দীর্ঘদিনের আকাঙ্ক্ষিত 'সত্যিকারের' সমাজতন্ত্রের সুযোগ দেওয়া হয়েছিল

l'occasion de confronter le mouvement politique aux revendications socialistes

সমাজতান্ত্রিক দাবি সঙ্গে রাজনৈতিক আন্দোলন মোকাবেলা করার সুযোগ

l'occasion de jeter les anathèmes traditionnels contre le libéralisme

উদারনীতিবাদের বিরুদ্ধে চিরাচরিত অভিশাপ নিক্ষেপ করার সুযোগ

l'occasion d'attaquer le gouvernement représentatif et la concurrence bourgeoise

প্রতিনিধিত্ব মূলক সরকার এবং বুর্জোয়া প্রতিযোগিতা আক্রমণ করার সুযোগ

Liberté de la presse bourgeoise, législation bourgeoise, liberté et égalité bourgeoise

বুর্জোয়া সংবাদপত্রের স্বাধীনতা, বুর্জোয়া আইন, বুর্জোয়া স্বাধীনতা ও সাম্য

Tout cela pourrait maintenant être critiqué dans le monde réel, plutôt que dans la fantaisie

এই সমস্ত এখন কল্পনার পরিবর্তে বাস্তব জগতে সমালোচিত হতে পারে

L'aristocratie féodale et la monarchie absolue prêchaient depuis longtemps aux masses

সামন্ততান্ত্রিক অভিজাততন্ত্র এবং নিরঙ্কুশ রাজতন্ত্র দীর্ঘকাল ধরে জনগণের কাছে প্রচার করেছিল

« L'ouvrier n'a rien à perdre, et il a tout à gagner »

"শ্রমজীবী মানুষের হারানোর কিছু নেই, এবং তার পাওয়ার সবই আছে"

le mouvement bourgeois offrait aussi une chance de se confronter à ces platitudes

বুর্জোয়া আন্দোলনও এই প্ল্যাটিচিউডের মোকাবিলা করার সুযোগ দিয়েছিল

la critique française présupposait l'existence d'une société bourgeoise moderne

ফরাসি সমালোচনা আধুনিক বুর্জোয়া সমাজের অস্তিত্বের পূর্বাভাস দেয়

Conditions économiques d'existence de la bourgeoisie et constitution politique de la bourgeoisie

অস্তিত্বের বুর্জোয়া অর্থনৈতিক অবস্থা এবং বুর্জোয়া রাজনৈতিক সংবিধান
les choses mêmes dont la réalisation était l'objet de la lutte imminente en Allemagne
যে জিনিসগুলি অর্জন করা জার্মানিতে মুলতুবি সংগ্রামের উদ্দেশ্য ছিল
L'écho stupide du socialisme en Allemagne a abandonné ces objectifs juste à temps
জার্মানির সমাজতন্ত্রের নির্বোধ প্রতিধ্বনি ঠিক সময়ে এই লক্ষ্যগুলি পরিত্যাগ করেছিল
Les gouvernements absolus avaient leur suite de pasteurs, de professeurs, d'écuyers de campagne et de fonctionnaires
পরম সরকারগুলির পার্সন, অধ্যাপক, দেশীয় স্কোয়ার এবং কর্মকর্তাদের অনুসরণ ছিল
le gouvernement de l'époque a répondu aux soulèvements de la classe ouvrière allemande par des coups de fouet et des balles
তৎকালীন সরকার জার্মান শ্রমিক শ্রেণীর উত্থানকে বেত্রাঘাত ও বুলেট দিয়ে মোকাবেলা করেছিল
pour eux, ce socialisme était un épouvantail bienvenu contre la bourgeoisie menaçante
তাদের কাছে এই সমাজতন্ত্র বিপন্ন বুর্জোয়াদের বিরুদ্ধে একটি স্বাগত স্কেয়ারক্রো হিসাবে কাজ করেছিল
et le gouvernement allemand a pu offrir un dessert sucré après les pilules amères qu'il a distribuées
এবং জার্মান সরকার তিক্ত বড়ি দেওয়ার পরে একটি মিষ্টি মিষ্টি সরবরাহ করতে সক্ষম হয়েছিল
ce « vrai » socialisme servait donc aux gouvernements d'arme pour combattre la bourgeoisie allemande
এই "সত্য" সমাজতন্ত্র এইভাবে জার্মান বুর্জোয়াদের বিরুদ্ধে লড়াইয়ের জন্য সরকারগুলিকে একটি অস্ত্র হিসাবে কাজ করেছিল
et, en même temps, il représentait directement un intérêt réactionnaire ; celle des Philistins allemands
এবং, একই সময়ে, এটি সরাসরি একটি প্রতিক্রিয়াশীল স্বার্থের প্রতিনিধিত্ব করে; জার্মান পলেস্টাইনদের
En Allemagne, la petite bourgeoisie est la véritable base sociale de l'état de choses actuel

জার্মানিতে পেটি বুর্জোয়া শ্রেণী হচ্ছে বিদ্যমান অবস্থার প্রকৃত সামাজিক ভিত্তি

une relique du XVIe siècle qui n'a cessé de surgir sous diverses formes

ষোড়শ শতাব্দীর একটি ধ্বংসাবশেষ যা ক্রমাগত বিভিন্ন রূপে ফসল ফলিয়ে চলেছে

Conserver cette classe, c'est préserver l'état de choses existant en Allemagne

এই শ্রেণীকে টিকিয়ে রাখা মানে জার্মানিতে বিদ্যমান অবস্থাকে টিকিয়ে রাখা

La suprématie industrielle et politique de la bourgeoisie menace la petite bourgeoisie d'une destruction certaine

বুর্জোয়াদের শিল্প ও রাজনৈতিক আধিপত্য পেটি বুর্জোয়াদের নিশ্চিত ধ্বংসের হুমকি দেয়

d'une part, elle menace de détruire la petite bourgeoisie par la concentration du capital

একদিকে পুঁজির কেন্দ্রীকরণের মাধ্যমে পেটি বুর্জোয়াদের ধ্বংস করার হুমকি দিচ্ছে

d'autre part, la bourgeoisie menace de la détruire par l'avènement d'un prolétariat révolutionnaire

অন্যদিকে বুর্জোয়ারা বিপ্লবী সর্বহারা শ্রেণীর উত্থানের মাধ্যমে তাকে ধ্বংস করার হুমকি দেয়

Le « vrai » socialisme semblait faire d'une pierre deux coups. Il s'est répandu comme une épidémie

'সত্যি' সমাজতন্ত্র এক ঢিলে এই দুই পাখি মারতে হাজির হয়েছিল। মহামারীর মতো ছড়িয়ে পড়েছিল

La robe de toiles d'araignées spéculatives, brodée de fleurs de rhétorique, trempée dans la rosée du sentiment maladif

অলঙ্কারশাস্ত্রের ফুলে এমব্রয়ডারি করা মাকড়সার জালের পোশাক অসুস্থ অনুভূতির শিশিরে ডুবে আছে

cette robe transcendantale dans laquelle les socialistes allemands enveloppaient leurs tristes « vérités éternelles »

এই অতীন্দ্রিয় পোশাক যার মধ্যে জার্মান সমাজতন্ত্রীরা তাদের দুঃখজনক "চিরন্তন সত্য" আবৃত করেছিল

tout de peau et d'os, servaient à augmenter merveilleusement la vente de leurs marchandises auprès d'un public aussi

সমস্ত চামড়া এবং হাড়, এই জাতীয় জনসাধারণের মধ্যে তাদের পণ্যগুলির বিক্রয় আশ্চর্যজনকভাবে বৃদ্ধি করতে পরিবেশন করেছিল

Et de son côté, le socialisme allemand reconnaissait de plus en plus sa propre vocation

এবং অন্যদিকে জার্মান সমাজতন্ত্র তার নিজস্ব আহ্বানকে আরও বেশি করে স্বীকৃতি দিয়েছে

on l'appelait à être le représentant grandiloquent de la petite-bourgeoisie philistine

এটি পেটি-বুর্জোয়া ফিলিস্টিনের বোম্বাস্টিক প্রতিনিধি হিসাবে ডাকা হয়েছিল

Il proclamait que la nation allemande était la nation modèle, et le petit philistin allemand l'homme modèle

এটি জার্মান জাতিকে মডেল জাতি হিসাবে ঘোষণা করেছিল এবং জার্মান পেটি ফিলিস্টাইন মডেল ম্যান হিসাবে ঘোষণা করেছিল

À chaque méchanceté de cet homme modèle, elle donnait une interprétation socialiste cachée, plus élevée

এই আদর্শ মানুষের প্রতিটি খলনায়কের কাছে এটি একটি গোপন, উচ্চতর, সমাজতান্ত্রিক ব্যাখ্যা দিয়েছে

cette interprétation socialiste supérieure était l'exact contraire de son caractère réel

এই উচ্চতর, সমাজতান্ত্রিক ব্যাখ্যা তার আসল চরিত্রের ঠিক বিপরীত ছিল

Il est allé jusqu'à s'opposer directement à la tendance « brutalement destructrice » du communisme

এটি কমিউনিজমের "নির্মমভাবে ধ্বংসাত্মক" প্রবণতার সরাসরি বিরোধিতা করার চূড়ান্ত পর্যায়ে গিয়েছিল

et il proclamait son mépris suprême et impartial de toutes les luttes de classes

এবং সকল শ্রেণীসংগ্রামের প্রতি চরম ও নিরপেক্ষ অবজ্ঞা ঘোষণা করে

À de très rares exceptions près, toutes les publications dites socialistes et communistes qui circulent aujourd'hui (1847) en Allemagne appartiennent au domaine de cette littérature nauséabonde et énervante

খুব সামান্য কিছু ব্যতিক্রম ছাড়া এখন (১৮৪৭) জার্মানিতে যত তথাকথিত সমাজতান্ত্রিক ও কমিউনিস্ট প্রকাশনা প্রচারিত হয়, তার সবই এই নোংরা ও উদ্দীপনামূলক সাহিত্যের অন্তর্গত

2) Le socialisme conservateur ou le socialisme bourgeois
২) রক্ষণশীল সমাজতন্ত্র বা বুর্জোয়া সমাজতন্ত্র

Une partie de la bourgeoisie est désireuse de redresser les griefs sociaux
বুর্জোয়াদের একটি অংশ সামাজিক দুঃখ-কষ্ট নিরসনে আগ্রহী
afin d'assurer la pérennité de la société bourgeoise
বুর্জোয়া সমাজের অব্যাহত অস্তিত্ব সুরক্ষিত করার জন্য
C'est à cette section qu'appartiennent les économistes, les philanthropes, les humanitaires
এই অংশে অর্থনীতিবিদ, সমাজসেবী, মানবতাবাদী
améliorateurs de la condition de la classe ouvrière et organisateurs de la charité
শ্রমিক শ্রেণীর অবস্থার উন্নতি এবং দাতব্য প্রতিষ্ঠানের সংগঠকদের
membres des sociétés de prévention de la cruauté envers les animaux
প্রাণীদের প্রতি নিষ্ঠুরতা প্রতিরোধের জন্য সমিতির সদস্য
fanatiques de la tempérance, réformateurs de toutes sortes imaginables
টেম্পারেন্স ধর্মান্ধ, হরেক রকমের গর্ত-ও-কোণার সংস্কারক
Cette forme de socialisme a, d'ailleurs, été élaborée en systèmes complets
সমাজতন্ত্রের এই রূপটি সম্পূর্ণ ব্যবস্থায় কাজ করা হয়েছে
On peut citer la « Philosophie de la Misère » de Proudhon comme exemple de cette forme
আমরা এই ফর্মের উদাহরণ হিসাবে প্রুধোঁর "ফিলোসফি দে লা মিসের" উদ্ধৃত করতে পারি
La bourgeoisie socialiste veut tous les avantages des conditions sociales modernes
সমাজতান্ত্রিক বুর্জোয়ারা আধুনিক সমাজ অবস্থার সকল সুবিধা চায়
mais la bourgeoisie socialiste ne veut pas nécessairement des luttes et des dangers qui en résultent
কিন্তু সমাজতান্ত্রিক বুর্জোয়ারা অগত্যা ফলস্বরূপ সংগ্রাম এবং বিপদ চায় না
Ils désirent l'état actuel de la société, sans ses éléments révolutionnaires et désintégrateurs

তারা সমাজের বিদ্যমান অবস্থা চায়, এর বৈপ্লবিক ও বিচ্ছিন্ন উপাদানগুলিকে বাদ দিয়ে

c'est-à-dire qu'ils veulent une bourgeoisie sans prolétariat
অন্য কথায়, তারা সর্বহারা বিহীন বুর্জোয়া চায়

La bourgeoisie conçoit naturellement le monde dans lequel elle est souveraine d'être la meilleure
বুর্জোয়ারা স্বভাবতই সেই জগৎকে কল্পনা করে যেখানে শ্রেষ্ঠ হওয়াই শ্রেষ্ঠ

et le socialisme bourgeois développe cette conception confortable en divers systèmes plus ou moins complets
এবং বুর্জোয়া সমাজতন্ত্র এই আরামদায়ক ধারণাকে বিভিন্ন কমবেশি সম্পূর্ণ ব্যবস্থায় বিকশিত করে

ils voudraient beaucoup que le prolétariat marche droit dans la Nouvelle Jérusalem sociale
তারা খুব চাইবে যে সর্বহারা শ্রেণী সোজা সামাজিক নতুন জেরুজালেমে প্রবেশ করুক

Mais en réalité, elle exige du prolétariat qu'il reste dans les limites de la société existante
কিন্তু বাস্তবে প্রলেতারিয়েতকে বিদ্যমান সমাজের সীমানার মধ্যে থাকতে হবে

ils demandent au prolétariat de se débarrasser de toutes ses idées haineuses sur la bourgeoisie
তারা সর্বহারা শ্রেণীকে বুর্জোয়া সম্পর্কে তাদের সমস্ত ঘৃণ্য ধারণা ত্যাগ করতে বলে

il y a une seconde forme plus pratique, mais moins systématique, de ce socialisme
এই সমাজতন্ত্রের দ্বিতীয় আরও ব্যবহারিক, তবে কম নিয়মতান্ত্রিক, রূপ রয়েছে

Cette forme de socialisme cherchait à déprécier tout mouvement révolutionnaire aux yeux de la classe ouvrière
সমাজতন্ত্রের এই রূপটি শ্রমিক শ্রেণীর চোখে প্রতিটি বিপ্লবী আন্দোলনকে অবমূল্যায়ন করতে চেয়েছিল

Ils soutiennent qu'aucune simple réforme politique ne pourrait leur être d'un quelconque avantage
তাদের যুক্তি, নিছক কোনো রাজনৈতিক সংস্কারই তাদের জন্য কোনো কল্যাণ বয়ে আনতে পারবে না

Seul un changement dans les conditions matérielles
d'existence dans les relations économiques est bénéfique

অর্থনৈতিক সম্পর্কের ক্ষেত্রে অস্তিত্বের বস্তুগত অবস্থার পরিবর্তনই
কেবল উপকারী

Comme le communisme, cette forme de socialisme prône un
changement des conditions matérielles d'existence

কমিউনিজমের মতো, সমাজতন্ত্রের এই রূপটি অস্তিত্বের বস্তুগত
অবস্থার পরিবর্তনের পক্ষে

Cependant, cette forme de socialisme ne suggère nullement
l'abolition des rapports de production bourgeois

যাইহোক, সমাজতন্ত্রের এই রূপটি কোনওভাবেই বুর্জোয়া উৎপাদন
সম্পর্কের বিলুপ্তির ইঙ্গিত দেয় না

l'abolition des rapports de production bourgeois ne peut se
faire que par la révolution

বুর্জোয়া উৎপাদন সম্পর্কের উচ্ছেদ কেবল বিপ্লবের মাধ্যমেই অর্জন
করা যেতে পারে

Mais au lieu d'une révolution, cette forme de socialisme
suggère des réformes administratives

কিন্তু বিপ্লবের পরিবর্তে সমাজতন্ত্রের এই রূপটি প্রশাসনিক সংস্কারের
পরামর্শ দেয়

et ces réformes administratives seraient fondées sur la
pérennité de ces relations

এবং এই প্রশাসনিক সংস্কারগুলি এই সম্পর্কের অব্যাহত অস্তিত্বের
উপর ভিত্তি করে হবে

réformes qui n'affectent en rien les rapports entre le capital
et le travail

সুতরাং সংস্কার যা কোনোভাবেই পুঁজি ও শ্রমের মধ্যকার সম্পর্ককে
প্রভাবিত করে না

au mieux, de telles réformes réduisent le coût et simplifient
le travail administratif du gouvernement bourgeois

সর্বোপরি, এই ধরনের সংস্কারগুলি ব্যয় হ্রাস করে এবং বুর্জোয়া
সরকারের প্রশাসনিক কাজকে সহজ করে তোলে

Le socialisme bourgeois atteint une expression adéquate
lorsque, et seulement lorsque, il devient une simple figure
de style

বুর্জোয়া সমাজতন্ত্র পর্যাপ্ত অভিব্যক্তি লাভ করে, যখন এবং কেবল
তখনই, যখন এটি কেবল বক্তৃতার চিত্র হয়ে ওঠে

Le libre-échange : au profit de la classe ouvrière

মুক্ত বাণিজ্য: শ্রমিক শ্রেণীর সুবিধার জন্য

Les devoirs protecteurs : au profit de la classe ouvrière

প্রতিরক্ষামূলক কর্তব্য: শ্রমিক শ্রেণীর সুবিধার জন্য

Réforme pénitentiaire : au profit de la classe ouvrière

কারাগার সংস্কার: শ্রমিক শ্রেণীর সুবিধার জন্য

C'est le dernier mot et le seul mot sérieux du socialisme bourgeois

এটাই বুর্জোয়া সমাজতন্ত্রের শেষ কথা এবং একমাত্র গম্ভীর শব্দ

Elle se résume dans la phrase : la bourgeoisie est une bourgeoisie au profit de la classe ouvrière

এর সারমর্ম এই বাক্যাংশে বলা হয়েছেঃ বুর্জোয়ারা শ্রমিক শ্রেণীর সুবিধার জন্য বুর্জোয়া

3) Socialisme et communisme utopiques critiques
৩) ক্রিটিক্যাল-ইউটোপিয়ান সোশ্যালিজম অ্যান্ড কমিউনিজম

Nous ne nous référons pas ici à la littérature qui a toujours donné la parole aux revendications du prolétariat
আমরা এখানে সেই সাহিত্যের কথা উল্লেখ করছি না যা সর্বহারা শ্রেণীর দাবির প্রতি সর্বদা কণ্ঠস্বর দিয়েছে
cela a été présent dans toutes les grandes révolutions modernes, comme les écrits de Babeuf et d'autres
এটি প্রতিটি মহান আধুনিক বিপ্লবে উপস্থিত ছিল, যেমন বাবুফ এবং অন্যদের লেখায়
Les premières tentatives directes du prolétariat pour parvenir à ses propres fins échouèrent nécessairement
প্রলেতারিয়েতের নিজস্ব লক্ষ্য অর্জনের প্রথম প্রত্যক্ষ প্রচেষ্টা অনিবার্যভাবে ব্যর্থ হয়েছিল
Ces tentatives ont été faites dans des temps d'effervescence universelle, lorsque la société féodale était renversée
এই প্রচেষ্টাগুলি সর্বজনীন উত্তেজনার সময়ে করা হয়েছিল, যখন সামন্ততান্ত্রিক সমাজকে উৎখাত করা হচ্ছিল
L'état alors peu développé du prolétariat a conduit à l'échec de ces tentatives
সর্বহারা শ্রেণীর তৎকালীন অনুন্নত অবস্থা সেই প্রচেষ্টাগুলি ব্যর্থ করে দেয়
et ils ont échoué en raison de l'absence des conditions économiques pour son émancipation
এবং এর মুক্তির জন্য অর্থনৈতিক অবস্থার অনুপস্থিতির কারণে তারা ব্যর্থ হয়েছিল
conditions qui n'avaient pas encore été produites, et qui ne pouvaient être produites que par l'époque de la bourgeoisie
যে শর্তগুলি এখনও উত্পাদিত হয়নি এবং আসন্ন বুর্জোয়া যুগ একাই উত্পাদিত হতে পারে
La littérature révolutionnaire qui accompagnait ces premiers mouvements du prolétariat avait nécessairement un caractère réactionnaire
সর্বহারা শ্রেণীর এই প্রথম আন্দোলনের সাথে যে বিপ্লবী সাহিত্য ছিল তার অবশ্যই একটি প্রতিক্রিয়াশীল চরিত্র ছিল

Cette littérature inculquait l'ascétisme universel et le nivellement social dans sa forme la plus grossière

এই সাহিত্য সর্বজনীন তপস্যা এবং সামাজিক স্তরকে তার নিষ্ঠুরতম রূপে জাগিয়ে তুলেছিল

Les systèmes socialistes et communistes, proprement dits, naissent au début de la période sous-développée

সমাজতান্ত্রিক ও কমিউনিস্ট ব্যবস্থা, যথাযথভাবে তথাকথিত, প্রাথমিক অনুন্নত যুগে অস্তিত্ব লাভ করে

Saint-Simon, Fourier, Owen et d'autres, ont décrit la lutte entre le prolétariat et la bourgeoisie (voir section 1)

সেন্ট-সাইমন, ফুরিয়ার, ওয়েন এবং অন্যান্যরা সর্বহারা ও বুর্জোয়াদের মধ্যে সংগ্রামের বর্ণনা দিয়েছেন (বিভাগ 1 দেখুন)

Les fondateurs de ces systèmes voient, en effet, les antagonismes de classe

এই ব্যবস্থার প্রতিষ্ঠাতারা প্রকৃতপক্ষে শ্রেণী বিরোধিতা দেখতে পান

Ils voient aussi l'action des éléments en décomposition, dans la forme dominante de la société

তারা সমাজের প্রচলিত রূপে পচনশীল উপাদানগুলির ক্রিয়াও দেখতে পায়

Mais le prolétariat, encore à ses débuts, leur offre le spectacle d'une classe sans aucune initiative historique

কিন্তু প্রলেতারিয়েত তার শৈশবেই তাদের এমন এক শ্রেণীর দর্শন উপহার দেয় যার কোন ঐতিহাসিক উদ্যোগ নেই

Ils voient le spectacle d'une classe sociale sans aucun mouvement politique indépendant

তারা কোন স্বাধীন রাজনৈতিক আন্দোলন ছাড়া একটি সামাজিক শ্রেণীর চমক দেখতে পায়

Le développement de l'antagonisme de classe va de pair avec le développement de l'industrie

শ্রেণী বৈরিতার বিকাশ শিল্পের বিকাশের সাথে সমান তাল মিলিয়ে চলে

La situation économique ne leur offre donc pas encore les conditions matérielles de l'émancipation du prolétariat

সুতরাং অর্থনৈতিক পরিস্থিতি এখনও তাদের সর্বহারা শ্রেণীর মুক্তির জন্য বস্তুগত শর্ত দেয় না

Ils cherchent donc une nouvelle science sociale, de nouvelles lois sociales, qui doivent créer ces conditions

তাই তারা এক নতুন সামাজিক বিজ্ঞানের সন্ধান করে, নতুন
সামাজিক নিয়মের পেছনে, যা এই অবস্থার সৃষ্টি করবে
l'action historique, c'est céder à leur action inventive
personnelle
ঐতিহাসিক কর্ম তাদের ব্যক্তিগত উদ্ভাবনী কর্ম আত্মসমর্পণ করা
হয়
Les conditions d'émancipation créées historiquement
doivent céder la place à des conditions fantastiques
ঐতিহাসিকভাবে সৃষ্ট মুক্তির শর্ত হলো চমৎকার অবস্থার কাছে হার
মানতে হবে
et l'organisation de classe graduelle et spontanée du
prolétariat doit céder la place à l'organisation de la société
আর প্রলেতারিয়েতের ক্রমবর্ধমান, স্বতঃস্ফূর্ত শ্রেণি-সংগঠন হচ্ছে
সমাজ সংগঠনের কাছে আত্মসমর্পণ করা
l'organisation de la société spécialement conçue par ces
inventeurs
এই উদ্ভাবকদের দ্বারা বিশেষভাবে তৈরি সমাজের সংগঠন
L'histoire future se résout, à leurs yeux, dans la propagande
et l'exécution pratique de leurs projets sociaux
ভবিষ্যতের ইতিহাস তাদের চোখে তাদের সামাজিক পরিকল্পনার
প্রচার ও বাস্তব বাস্তবায়নে নিজেকে স্থির করে
Dans l'élaboration de leurs plans, ils ont conscience de
s'occuper avant tout des intérêts de la classe ouvrière
তাদের পরিকল্পনা প্রণয়নে তারা প্রধানত শ্রমিক শ্রেণীর স্বার্থের প্রতি
যত্নশীল হওয়ার বিষয়ে সচেতন
Ce n'est que du point de vue d'être la classe la plus
souffrante que le prolétariat existe pour eux
কেবল সবচেয়ে দুঃখী শ্রেণী হওয়ার দৃষ্টিকোণ থেকে তাদের জন্য
সর্বহারা শ্রেণীর অস্তিত্ব রয়েছে
L'état sous-développé de la lutte des classes et leur propre
environnement informent leurs opinions
শ্রেণীসংগ্রামের অনুন্নত অবস্থা এবং তাদের নিজস্ব পারিপার্শ্বিকতা
তাদের মতামতকে অবহিত করে
Les socialistes de ce genre se considèrent comme bien
supérieurs à tous les antagonismes de classe
এই ধরনের সমাজতন্ত্রীরা নিজেদেরকে সকল শ্রেণী বিরোধের চেয়ে
অনেক শ্রেষ্ঠ মনে করে

Ils veulent améliorer la condition de tous les membres de la société, même celle des plus favorisés

তারা সমাজের প্রতিটি সদস্যের, এমনকি সবচেয়ে সুবিধাপ্রাপ্ত সদস্যের অবস্থার উন্নতি করতে চায়

Par conséquent, ils s'adressent habituellement à la société dans son ensemble, sans distinction de classe

অতএব, তারা অভ্যাসগতভাবে শ্রেণী ভেদাভেদ ছাড়াই বৃহত্তর সমাজের কাছে আবেদন করে

Bien plus, ils font appel à la société dans son ensemble de préférence à la classe dirigeante

বরং তারা শাসক শ্রেণীকে প্রাধান্য দিয়ে বৃহত্তর সমাজের কাছে আবেদন করে

Pour eux, tout ce qu'il faut, c'est que les autres comprennent leur système

তাদের জন্য, এটি যা প্রয়োজন তা হ'ল অন্যদের তাদের সিস্টেমটি বোঝা

Car comment les gens peuvent-ils ne pas voir que le meilleur plan possible est le meilleur état possible de la société ?

কারণ মানুষ কীভাবে এটা বুঝতে ব্যর্থ হতে পারে যে সমাজের সর্বোত্তম সম্ভাব্য রাষ্ট্রের জন্য সর্বোত্তম সম্ভাব্য পরিকল্পনা?

C'est pourquoi ils rejettent toute action politique, et surtout toute action révolutionnaire

তাই তারা সকল রাজনৈতিক, বিশেষ করে সকল বিপ্লবী কর্মকাণ্ডকে প্রত্যাখ্যান করে

ils veulent arriver à leurs fins par des moyens pacifiques

তারা শান্তিপূর্ণ উপায়ে তাদের লক্ষ্য অর্জন করতে চায়

ils s'efforcent, par de petites expériences, qui sont nécessairement vouées à l'échec

তারা ছোট ছোট পরীক্ষা-নিরীক্ষার মাধ্যমে চেষ্টা করে, যা অনিবার্যভাবে ব্যর্থতার জন্য ধ্বংস হয়ে যায়

et par la force de l'exemple, ils essaient d'ouvrir la voie au nouvel Évangile social

এবং উদাহরণের জোরে তারা নতুন সামাজিক সুসমাচারের পথ প্রশস্ত করার চেষ্টা করে

De tels tableaux fantastiques de la société future, peints à une époque où le prolétariat est encore dans un état très sous-développé

ভবিষ্যৎ সমাজের এমন চমৎকার ছবি, এমন এক সময়ে আঁকা যখন প্রলেতারিয়েত এখনো খুবই অনুন্নত অবস্থায় রয়েছে

et il n'a encore qu'une conception fantasmatique de sa propre position

এবং এটি এখনও তার নিজস্ব অবস্থান সম্পর্কে একটি কল্পনাপ্রসূত ধারণা আছে

Mais leurs premières aspirations instinctives correspondent aux aspirations du prolétariat

কিন্তু তাদের প্রথম সহজাত আকাঙ্ক্ষা সর্বহারা শ্রেণীর আকাঙ্ক্ষার সাথে মিলে যায়

L'un et l'autre aspirent à une reconstruction générale de la société

উভয়ই সমাজের সাধারণ পুনর্গঠনের জন্য আকাঙ্ক্ষা করে

Mais ces publications socialistes et communistes contiennent aussi un élément critique

কিন্তু এই সমাজতান্ত্রিক ও কমিউনিস্ট প্রকাশনাগুলিতে একটি সমালোচনামূলক উপাদানও রয়েছে

Ils s'attaquent à tous les principes de la société existante

তারা বিদ্যমান সমাজের প্রতিটি নীতিকে আক্রমণ করে

C'est pourquoi ils sont remplis des matériaux les plus précieux pour l'illumination de la classe ouvrière

তাই তারা শ্রমিক শ্রেণীর জ্ঞানার্জনের জন্য সবচেয়ে মূল্যবান উপকরণে পূর্ণ

Ils proposent l'abolition de la distinction entre la ville et la campagne, et la famille

তারা শহর ও দেশ এবং পরিবারের মধ্যে পার্থক্য বিলুপ্তির প্রস্তাব দেয়

la suppression de l'exercice de l'industrie pour le compte des particuliers

ব্যক্তিগত ব্যক্তির হিসাবের জন্য শিল্প পরিচালনার বিলুপ্তি

et l'abolition du salariat et la proclamation de l'harmonie sociale

এবং মজুরি ব্যবস্থার বিলুপ্তি ও সামাজিক সম্প্রীতির ঘোষণা

la transformation des fonctions de l'État en une simple surveillance de la production

রাষ্ট্রের কার্যাবলীকে উৎপাদনের নিছক তত্ত্বাবধানে রূপান্তর
Toutes ces propositions ne pointent que vers la disparition des antagonismes de classe
এই সমস্ত প্রস্তাব কেবল শ্রেণী বিরোধের অন্তর্ধানের দিকেই ইঙ্গিত করে
Les antagonismes de classe ne faisaient alors que surgir
সেই সময় শ্রেণী বিরোধিতা কেবল মাত্রই গড়ে উঠেছিল
Dans ces publications, ces antagonismes de classe ne sont reconnus que dans leurs formes les plus anciennes, indistinctes et indéfinies
এই প্রকাশনাগুলিতে এই শ্রেণী বিরোধিতাগুলি কেবল তাদের প্রাচীন, অস্পষ্ট এবং অসংজ্ঞায়িত রূপে স্বীকৃত হয়
Ces propositions ont donc un caractère purement utopique
সুতরাং এই প্রস্তাবগুলি সম্পূর্ণরূপে ইউটোপিয়ান চরিত্রের
La signification du socialisme et du communisme critiques-utopiques est en relation inverse avec le développement historique
সমালোচনামূলক-কল্পলৌকিক সমাজতন্ত্র এবং কমিউনিজমের তাৎপর্য ঐতিহাসিক বিকাশের সাথে একটি বিপরীত সম্পর্ক বহন করে
La lutte de classe moderne se développera et continuera à prendre une forme définitive
আধুনিক শ্রেণীসংগ্রাম বিকশিত হবে এবং নির্দিষ্ট আকার ধারণ করতে থাকবে
Cette réputation fantastique du concours perdra toute valeur pratique
প্রতিযোগিতা থেকে এই চমত্কার স্ট্যান্ডিং সমস্ত ব্যবহারিক মূল্য হারাবে
Ces attaques fantastiques contre les antagonismes de classe perdront toute justification théorique
শ্রেণী বিরোধের উপর এই কল্পনাপ্রসূত আক্রমণ সমস্ত তাত্ত্বিক ন্যায্যতা হারাবে
Les initiateurs de ces systèmes étaient, à bien des égards, révolutionnaires
এই ব্যবস্থার প্রবর্তকরা অনেক ক্ষেত্রেই বিপ্লবী ছিলেন
Mais leurs disciples n'ont, dans tous les cas, formé que des sectes réactionnaires

কিন্তু তাদের শিষ্যরা প্রতিটি ক্ষেত্রেই নিছক প্রতিক্রিয়াশীল সম্প্রদায় গঠন করেছে

Ils s'en tiennent fermement aux vues originales de leurs maîtres

তারা তাদের প্রভুদের মূল মতামতকে শক্তভাবে ধরে রাখে

Mais ces vues s'opposent au développement historique progressif du prolétariat

কিন্তু এই মতামত সর্বহারা শ্রেণীর প্রগতিশীল ঐতিহাসিক বিকাশের বিরোধী

Ils s'efforcent donc, et cela constamment, d'étouffer la lutte des classes

তাই তারা শ্রেণী সংগ্রামকে মৃত করার চেষ্টা করে এবং তা ধারাবাহিকভাবে করে

et ils s'efforcent constamment de concilier les antagonismes de classe

এবং তারা ক্রমাগত শ্রেণী বিরোধের মীমাংসা করার চেষ্টা করে

Ils rêvent encore de la réalisation expérimentale de leurs utopies sociales

তারা এখনও তাদের সামাজিক ইউটোপিয়াসের পরীক্ষামূলক বাস্তবায়নের স্বপ্ন দেখে

ils rêvent encore de fonder des « phalanstères » isolés et d'établir des « colonies d'origine »

তারা এখনও বিচ্ছিন্ন "ফ্যালানস্টার" প্রতিষ্ঠা এবং "হোম কলোনি" প্রতিষ্ঠার স্বপ্ন দেখে

ils rêvent de mettre en place une « Petite Icarie » – éditions duodecimo de la Nouvelle Jérusalem

তারা একটি "লিটল ইকারিয়া" স্থাপনের স্বপ্ন দেখে - নতুন জেরুজালেমের দ্বৈত সংস্করণ

Et ils rêvent de réaliser tous ces châteaux dans les airs

এবং তারা বাতাসে এই সমস্ত দুর্গ উপলব্ধি করার স্বপ্ন দেখে

Ils sont obligés de faire appel aux sentiments et aux bourses des bourgeois

তারা বুর্জোয়াদের অনুভূতি ও থলির কাছে আবেদন করতে বাধ্য হয়

Peu à peu, ils s'enfoncent dans la catégorie des socialistes conservateurs réactionnaires décrits ci-dessus

ডিগ্রী দ্বারা তারা উপরে বর্ণিত প্রতিক্রিয়াশীল রক্ষণশীল সমাজতন্ত্রীদের বিভাগে ডুবে যায়

ils ne diffèrent de ceux-ci que par une pédanterie plus systématique

তারা শুধুমাত্র আরো নিয়মতান্ত্রিক পেডেন্ট্রি দ্বারা এই থেকে পৃথক

et ils diffèrent par leur croyance fanatique et superstitieuse aux effets miraculeux de leur science sociale

এবং তারা তাদের সামাজিক বিজ্ঞানের অলৌকিক প্রভাবগুলিতে তাদের ধর্মান্ধ এবং কুসংস্কারাচ্ছন্ন বিশ্বাসের কারণে পৃথক হয়

Ils s'opposent donc violemment à toute action politique de la part de la classe ouvrière

তাই তারা শ্রমিক শ্রেণীর পক্ষ থেকে সমস্ত রাজনৈতিক পদক্ষেপের হিংস্রভাবে বিরোধিতা করে

une telle action, selon eux, ne peut résulter que d'une incrédulité aveugle dans le nouvel Évangile

তাদের মতে, এই ধরনের পদক্ষেপ শুধুমাত্র নতুন সুসমাচারের প্রতি অন্ধ অবিশ্বাসের ফলস্বরূপ হতে পারে

Les owénistes en Angleterre et les fouriéristes en France s'opposent respectivement aux chartistes et aux réformistes

ইংল্যান্ডের ওয়েনাইটস এবং ফ্রান্সের ফুরিয়ারিস্টরা যথাক্রমে চার্টিস্ট এবং "রিফর্মিস্টস" এর বিরোধিতা করে

Position des communistes par rapport aux divers partis d'opposition existants
বিদ্যমান বিভিন্ন বিরোধী দলের সাথে কমিউনিস্টদের অবস্থান

La section II a mis en évidence les relations des communistes avec les partis ouvriers existants

দ্বিতীয় অধ্যায়ে বিদ্যমান শ্রমিক শ্রেণীর পার্টিগুলির সাথে কমিউনিস্টদের সম্পর্ক স্পষ্ট করা হয়েছে

comme les chartistes en Angleterre et les réformateurs agraires en Amérique

যেমন ইংল্যান্ডের চার্টিস্টরা এবং আমেরিকার কৃষি সংস্কারক

Les communistes luttent pour la réalisation des objectifs immédiats

কমিউনিস্টরা আশু লক্ষ্য অর্জনের জন্য লড়াই করে

Ils luttent pour l'application des intérêts momentanés de la classe ouvrière

তারা শ্রমিক শ্রেণীর ক্ষণস্থায়ী স্বার্থ বাস্তবায়নের জন্য লড়াই করে

Mais dans le mouvement politique d'aujourd'hui, ils représentent et s'occupent aussi de l'avenir de ce mouvement

কিন্তু বর্তমানের রাজনৈতিক আন্দোলনে তারাও সেই আন্দোলনের প্রতিনিধিত্ব করে এবং ভবিষ্যতের যত্ন নেয়

En France, les communistes s'allient avec les social-démocrates

ফ্রান্সে কমিউনিস্টরা সোশ্যাল ডেমোক্রাটদের সাথে মিত্রতা করে

et ils se positionnent contre la bourgeoisie conservatrice et radicale

এবং তারা রক্ষণশীল ও মৌলবাদী বুর্জোয়াদের বিরুদ্ধে নিজেদের অবস্থান নেয়

cependant, ils se réservent le droit d'adopter une position critique à l'égard des phrases et des illusions traditionnellement héritées de la grande Révolution

যাইহোক, তারা মহান বিপ্লব থেকে ঐতিহ্যগতভাবে হস্তান্তরিত বাক্যাংশ এবং বিভ্রম সম্পর্কে একটি সমালোচনামূলক অবস্থান গ্রহণ করার অধিকার সংরক্ষণ করে

En Suisse, ils soutiennent les radicaux, sans perdre de vue que ce parti est composé d'éléments antagonistes

সুইজারল্যান্ডে তারা র্যাডিক্যালদের সমর্থন করে, এই দলটি যে বিরোধী উপাদানগুলির সমন্বয়ে গঠিত তা ভুলে না গিয়ে

en partie des socialistes démocrates, au sens français du terme, en partie de la bourgeoisie radicale

কিছুটা ফরাসি অর্থে ডেমোক্র্যাটিক সোশ্যালিস্টদের, কিছুটা র‍্যাডিক্যাল বুর্জোয়াদের

En Pologne, ils soutiennent le parti qui insiste sur la révolution agraire comme condition première de l'émancipation nationale

পোল্যান্ডে তারা সেই পার্টিকে সমর্থন করে যারা জাতীয় মুক্তির প্রধান শর্ত হিসাবে কৃষি বিপ্লবের উপর জোর দেয়

ce parti qui fomenta l'insurrection de Cracovie en 1846

যে পার্টি ১৮৪৬ সালে Crako এর অভ্যুত্থানকে উস্কে দিয়েছিল

En Allemagne, ils luttent avec la bourgeoisie chaque fois qu'elle agit de manière révolutionnaire

জার্মানিতে বুর্জোয়ারা যখনই বিপ্লবী আচরণ করে তখনই তাদের সাথে লড়াই করে

contre la monarchie absolue, l'escroc féodal et la petite bourgeoisie

নিরঙ্কুশ রাজতন্ত্র, সামন্ততান্ত্রিক স্কোয়ারার্কি এবং পেটি বুর্জোয়াদের বিরুদ্ধে

Mais ils ne cessent jamais, un seul instant, inculquer à la classe ouvrière une idée particulière

কিন্তু শ্রমিক শ্রেণীর মধ্যে একটি বিশেষ ধারণা ঢুকিয়ে দিতে তারা এক মুহূর্তের জন্যও বিরত থাকে না

la reconnaissance la plus claire possible de l'antagonisme hostile entre la bourgeoisie et le prolétariat

বুর্জোয়া ও প্রলেতারিয়েতের মধ্যে বৈরী বিরোধের সুস্পষ্ট স্বীকৃতি

afin que les ouvriers allemands puissent immédiatement utiliser les armes dont ils disposent

যাতে জার্মান শ্রমিকরা সরাসরি তাদের নিষ্পত্তি করা অস্ত্রগুলি ব্যবহার করতে পারে

les conditions sociales et politiques que la bourgeoisie doit nécessairement introduire en même temps que sa suprématie

যে সামাজিক ও রাজনৈতিক শর্ত বুর্জোয়াদের অবশ্যই তার আধিপত্যের সাথে সাথে প্রবর্তন করতে হবে

la chute des classes réactionnaires en Allemagne est
inévitable

জার্মানিতে প্রতিক্রিয়াশীল শ্রেণীর পতন অনিবার্য

et alors la lutte contre la bourgeoisie elle-même peut
commencer immédiatement

এবং তারপর বুর্জোয়াদের বিরুদ্ধে লড়াই অবিলম্বে শুরু হতে পারে

Les communistes tournent leur attention principalement
vers l'Allemagne, parce que ce pays est à la veille d'une
révolution bourgeoise

কমিউনিস্টরা প্রধানত জার্মানির দিকে মনোযোগ দেয়, কারণ সে
দেশ বুর্জোয়া বিপ্লবের প্রাক্কালে

une révolution qui ne manquera pas de s'accomplir dans des
conditions plus avancées de la civilisation européenne

একটি বিপ্লব যা ইউরোপীয় সভ্যতার আরও উন্নত অবস্থার অধীনে
পরিচালিত হতে বাধ্য

Et elle ne manquera pas de se faire avec un prolétariat
beaucoup plus développé

এবং তা আরও উন্নত প্রলেতারিয়েতের সাথে পরিচালিত হতে বাধ্য

un prolétariat plus avancé que celui de l'Angleterre au XVIIe
siècle, et celui de la France au XVIIIe siècle

সপ্তদশ শতাব্দীতে ইংল্যান্ড এবং অষ্টাদশ শতাব্দীতে ফ্রান্সের চেয়ে
আরও উন্নত একটি প্রলেতারিয়েত

et parce que la révolution bourgeoise en Allemagne ne sera
que le prélude d'une révolution prolétarienne qui suivra
immédiatement

এবং কারণ জার্মানিতে বুর্জোয়া বিপ্লব হবে অব্যবহিত পরবর্তী
সর্বহারা বিপ্লবের সূচনা মাত্র

Bref, partout les communistes soutiennent tout mouvement
révolutionnaire contre l'ordre social et politique existant

সংক্ষেপে বলা যায়, কমিউনিস্টরা সর্বত্রই বর্তমান সামাজিক ও
রাজনৈতিক ব্যবস্থার বিরুদ্ধে প্রতিটি বিপ্লবী আন্দোলন সমর্থন করে

Dans tous ces mouvements, ils mettent au premier plan,
comme la question maîtresse de chacun d'eux, la question de
la propriété

এই সমস্ত আন্দোলনে তারা সম্পত্তির প্রশ্নকে সামনে নিয়ে আসে

quel que soit son degré de développement dans ce pays à ce
moment-là

সে দেশে সে দেশের উন্নয়নের মাত্রা যাই হোক না কেন

Enfin, ils œuvrent partout pour l'union et l'accord des partis démocratiques de tous les pays

পরিশেষে, তারা সব দেশের গণতান্ত্রিক পার্টিগুলোর ঐক্য ও সমঝোতার জন্য সর্বত্র কাজ করে

Les communistes dédaignent de dissimuler leurs vues et leurs objectifs

কমিউনিস্টরা তাদের মতামত ও উদ্দেশ্য গোপন করতে ঘৃণা করে

Ils déclarent ouvertement que leurs fins ne peuvent être atteintes que par le renversement par la force de toutes les conditions sociales existantes

তারা খোলাখুলিভাবে ঘোষণা করে যে, শুধুমাত্র বিদ্যমান সকল সামাজিক অবস্থার জোরপূর্বক উচ্ছেদের মাধ্যমেই তাদের লক্ষ্য অর্জন করা সম্ভব

Que les classes dirigeantes tremblent devant une révolution communiste

কমিউনিস্ট বিপ্লবে শাসক শ্রেণী কেঁপে উঠুক

Les prolétaires n'ont rien d'autre à perdre que leurs chaînes

প্রলেতারিয়েতদের শিকল ছাড়া হারানোর কিছু নেই

Ils ont un monde à gagner

তাদের জয় করার মতো একটা পৃথিবী আছে

TRAVAILLEURS DE TOUS LES PAYS, UNISSEZ-VOUS !

সব দেশের শ্রমজীবী মানুষেরা, এক হও!